영성의 길

천로역정의 순례자가 걷다

영성의 길

THE SPIRITUAL PATH

이동원

규장

영성의 길

/

CONTENTS

천로역정 순례를 떠나는 분들에게

PART 1
**천로역정에
들어서다**

CHAPTER 1
기독교 영성의 길 · 11

CHAPTER 2
존 버니언의 순례자 영성 · 29

PART 2
**순례의 여정에서
배우는 영성**

CHAPTER 3
구원의 영성 · 61

CHAPTER 4
성화의 영성 · 83

CHAPTER 5
언어와 침묵의 영성 · 104

CHAPTER 6
비움과 채움의 영성 · 125

CHAPTER 7
일상의 영성 · 146

CHAPTER 8
거룩한 전투의 영성 · 171

CHAPTER 9
기쁨과 평화와 안식의 영성 · 187

CHAPTER 10
순례자 공동체의 영성 · 205

천로역정 순례를
떠나는 분들에게

인생은 순례입니다.
천로역정天路歷程 순례입니다.
개신교 최고의 고전인 《천로역정》을 들고
인생의 길을 돌아보고자 하는 분들에게
샬롬을 전합니다.

이 책은 《천로역정》의 코멘터리Commentary가 아닙니다.
《천로역정》을 출발점으로
기독교 영성의 길을 스케치한 것입니다.
아니, 하루하루를 힘겹게 살아가는 순례자들에게
우리의 선배들이 발견한 영성의 지혜를
나누고 싶었습니다.
찬양하며 기도하며 즐겁게 순례하도록
응원하고 싶었습니다.

이 책을 읽으신 분들을
가평 천로역정 순례길에 초대합니다.
좋은 날 이 길에서 함께 만나
차 한 잔의 교제를 나누고 싶습니다.
그리고 함께 찬양하고
함께 기도도 하고 싶습니다.

어느 찬송가의 가사처럼
우리의 인생 여정이 끝나 강 건너 언덕에 이를 때
하늘 문을 향해 "주 인도하셨다!"라고
함께 고백하고 싶습니다.

그럼, 함께 출발하실까요?

주후 2019년을 마무리하며
천로역정 순례 가이드, 목자 이동원 드림

THE SPIRITUAL PATH

PART 1
—

천로역정에
들어서다

CHAPTER 1

기독교 영성의 길

'영성'이란 무엇일까요? 저는 먼저 '영'이란 단어를 생각하게 됩니다. 예수님은 요한복음에서 이렇게 말씀하셨습니다.

하나님은 영이시니 예배하는 자가 영과 진리로 예배할지니라

요 4:24

이 구절은 예배의 부름으로도 많이 사용됩니다. 개역한글 성경을 보면 이 구절의 '영과 진리'가 '신령과 진리로'라고 되어 있었습니다. 어느 날, 이 단어의 의미를 생각하며 문장을 곰곰이 들여다보니 이전과는 다른 관점으로 해석되었습니다. 저는 이 구절을 접할 때 '영과 진리', 그러니까 '성령과 진리의 말씀 안에서 예배하라'라고 설교했던 것 같습니다. 그런데 사실 본문의 뜻을 엄격히 뜯어보면 그런 뜻이 아니라는 것을 발

견할 수 있었습니다.

영어 성경에는 이 구절에서 '영'을 의미하는 'spirit'이 대문자 'S'가 아닌 소문자 's'로 쓰여 있습니다: "In spirit and truth." 즉 여기서 '영'이라는 것은 하나님의 영에 반응하는 우리의 영을 말합니다. 그러니까 예배는 하나님의 영에 대해 우리의 영으로 반응함으로써 시작됩니다. '진리'도 꼭 말씀을 의미한다기보다는 '진실한 마음'으로 보는 것이 더 정확한 의미라고 생각합니다.

로마서 8장 9절을 보면 "만일 너희 속에 하나님의 영이 거하시면 너희가 육신에 있지 아니하고 영에 있나니 누구든지 그리스도의 영이 없으면 그리스도의 사람이 아니라"라고 했습니다. 이 말은 하나님의 영이 우리 안에 거한다고 해서 우리의 육체가 없어진다는 것이 아닙니다. 그리스도를 구주와 주님으로, 인격적으로 영접한 사람마다 그 안에 하나님의 영, 그리스도의 영이 거하시고, 그 영에 대해 우리의 영으로 반응함으로써 우리의 영적 삶이 만들어진다는 것을 강조하기 위해 주어진 말씀입니다.

이는 우리가 잘 아는 "내가 이르노니 너희는 성령을 따라 행하라 그리하면 육체의 욕심을 이루지 아니하리라"(갈 5:16)라는 말씀을 통해서도 알 수 있습니다.

신앙생활이 무엇입니까? 우리 안에 거하시는 성령의 인도에 우리가 반응함으로 이루어지는, 일종의 영적인 과정입니다. 다른 말로 하자면 영적인 형성(Spiritual Formation)이고, 그 단어를 축약한 것이 '영성'이라고 생각합니다.

삶의 경험으로 이어져나가는 길

오늘날에는 '영성'이란 단어가 매우 광범위하게 쓰이고 있습니다. 심지어 기독교에서만 아니라 불교와 이슬람교에서도 사용되고 있습니다. 너무 많이 사용되다보니 과장되거나 별 의미 없이 무조건 '영성'이란 단어를 사용하는 경우도 있습니다. 하지만 우리가 이 단어에 대해 알아두어야 할 상식은 '영성'이란 단어를 제일 먼저 사용하기 시작한 사람들이 그리스도인이라는 것입니다.

《기독교 영성사》를 기록한 브래들리 홀트의 말을 들어보십시오.

"기독교 영성은 역사적이고 전 세계적인 것이며, 그것은 이천 년 동안 발전되어온 것이다. 그리고 영성이란 단어를 제일 먼저 쓴 것이 바로 크리스천들이다."

이렇게 보면 '다른 종교에서 기독교를 모방해서 영성이란 단어를 사용하고 있지 않은가' 싶은 정도입니다. 그러다 보니 기독교 일각에서는 이 단어가 지나치게 오남용되는 것을 우려해 아예 '영성'이란 단어를 사용하지 말자고 주장하기도 합니다. 19세기부터 이와 비슷한 의미로 많이 사용되어온 단어로 바꿔 사용하는 것이 개신교적이라고 주장하기도 합니다. 그 단어가 바로 '경건'입니다.

저는 '경건'이란 단어보다 '영성'이 훨씬 더 광범위한 단어라고 생각합니다. 영성에는 경건이란 단어로 담아낼 수 없는 의미가 있기 때문입니다. 그래서 아직도 저는 영성이라는 단어가 좀 더 포괄적이며, 경건이라는 단어는 앞으로 우리가 공부하고 묵상할 의미들을 내포하기에는 좀 부족하다고 생각합니다.

영성이란 단어는 우리가 먼저 사용한 것이기에 다른 종교가 사용한다고 해서 우리가 사용하지 않을 이유는 없습니다. 오히려 우리가 이 단어를 제일 먼저 썼으니 회복할 필요가 있습니다.

'경건'은 하나님을 향한 우리의 기본적인 태도를 말합니다. 경건을 의미하는 대표적인 영단어 중 하나가 'Godliness'인데 이 단어는 'Godly', 즉 '하나님다운'에서 나온 말로 '하나님을 닮아가는 삶의 모습'이란 의미입니다. 하지만 '영성'은 그 외에도 우리의 영적인 체험이나 모든 것을 광범위하게 내포하고 있는 단어이기 때문에 경건보다 더 넓고 포괄적인 의미를 담고 있다고 생각합니다.

우리 시대의 탁월한 복음주의 신학자인 알리스터 맥그래스란 분은 이런 말을 했습니다.

"영성이란 종교와 종교의 범주 안에서 그 종교에 근거한 사고들을 통합하는 믿을 만하고 만족할 만한 종교적 삶의 추구이다."

영성은 삶과 관련 있습니다. 저는 여기서 '삶'이란 단어를 강조하고 싶습니다. 또한 그는 기독교 영성을 정의할 때 "기독교 영성은 기독교적 신앙의 범주 안에서 기독교를 근거로 한 기독교적 근본 사고들과 기독교적 삶의 전체적 경험들을 통합하는 믿을 만하고 만족할 만한 기독교적 경험의 추구이다"라고 했습니다. 여기서 '삶'과 '경험'이란 단어만 기억하십시오. 영성이란 단어는 우리의 삶과 관련이 있고 우리의 경험과 관련이 있다는 것입니다.

또한 소위 해방신학자로 분류되는 분이지만 영성에 대한 글도 많이 쓰신 구티에레즈는 영성을 정의하면서 "영성이란 신앙체험의 가장 깊숙한 곳에서 흘러나온 생수와 같다"라고 했습니다. 예수님이 말씀하신 "그 배에서 생수의 강이 흘러나오리라"(요 7:38)라는 구절이 떠오릅니다. 이는 우리의 체험을 전제로 한 중요한 선언입니다. 또한 구티에레즈는 "영성이란 생명과 사랑의 성령에 따라서 자유로이 걸어가는 길"이라고 했습니다. 그는 왜 영성을 '길'이라고 했을까요? 그것은 하루아침에 완성된 제품 같은 것이 아니라 끊임없이 만들어지는 하나의 과정이기 때문이라고 생각합니다.

영성을 기독교적으로, 성경적으로 정의할 때 반드시 포함되어야 할 단어가 있습니다. 바로 '하나님', '예수 그리스도', '성령'의 삼위일체와 '성도' 그리고 '삶'과 '경험'입니다. 이 단어들이 포함되어야 제대로 된 기독교적, 성경적 정의가 이루어진다고 생각합니다.

또한 '성령의 감동으로 기록된 말씀에 근거하여'라는 전제가 필요합니다. 말씀에 근거하지 않는다면 기독교적이고 성경적인 근거가 될 수 없기 때문입니다. 저는 이런 전제 아래서 앞서 말한 6개의 단어를 연결시켜 다음과 같이 영성을 정의해 보고 싶습니다.

"하나님의 감동으로 기록된 말씀에 근거하여 예수님을 주로 모신 성도들이 성령의 인도하심을 따라 하나님을 경험하는 삶의 과정."

제가 정의한 것이지만, 기독교적으로 영성을 연구하는 대부분의 학자들이 따르는 내용들을 포괄적으로 담으면 이렇게 정의할 수 있지 않을까 생각합니다. 이것이 바로 영성, 영성의 형성(Spiritual Formation)이라고 말할 수 있습니다.

영성의 아홉 가지 색깔

복음주의 영성학자인 게리 토마스는 《영성에도 색깔이 있다》라는 책에서 아홉 가지 영성의 길에 대해 말했습니다. 간략하게 한 번 살펴봅시다.

첫째, 자연주의입니다. 자연주의란, 하나님의 창조물인 자연을 통해 하나님을 경험하는 것입니다. 아름다운 자연을 보면서 '와, 하나님 참 위대하시다!'라고 느끼는 것과 같습니다.

둘째, 감각주의입니다. 이는 신비한 상징 혹은 예배의 도구들(음악, 그림, 촛불 등)을 통해 오감으로 하나님을 경험하는 것입니다.

셋째, 전통주의입니다. 이는 규칙적인 예배나 기도문, 예전을 통해 하나님을 경험하는 것입니다. 예식과 기도문을 강조하는 교회도 있고 그렇지 않은 교회도 있는데, 이런 것을 강조하는 교회는 전통주의의 특성을 가진 교회라고 할 수 있습니다.

넷째, 금욕주의입니다. 영어로는 'Ascetic'라고 하는데, 금식이나 침묵 등이 금욕주의의 대표적인 것들이라고 할 수 있

습니다. 이들이 금식을 하는 이유는 밥을 먹는 시간까지 아껴
가며 집중적으로 하나님을 묵상하기 위해서입니다. 이렇게 금
식이나 침묵으로 마음을 집중함으로 하나님을 경험하는 것입
니다.

다섯째, 행동주의입니다. 행동주의는 사회 참여, 다시 말
하면 곧 행동이나 봉사를 통해 하나님을 경험하는 길입니다.
사회봉사를 하다가 마음이 뜨거워지면서 '아, 하나님이 나와
함께하시는구나!' 하는 것을 경험하기도 하고, 인생이 변하거
나 삶의 보람을 느끼는 경우가 있습니다. 그래서 그 일을 계
속하곤 합니다.

여섯째, 박애주의입니다. 사회적으로 소외된 이웃들을 향
한 사랑의 실천을 통해 하나님을 경험하는 길입니다. 행동주
의와 비슷하지만 행동주의는 이웃들을 돕기만 하는 것이 아
니라 사회가 잘못 되었을 때 그 부조리를 고치거나 사회 정의
를 실현하는 것까지 포함합니다. 하지만 박애주의는 주로 아
파하고 힘들어하는 사람들을 돕는 자선적 행위를 통해 하나
님을 경험하는 모습을 보입니다.

일곱째, 열정주의입니다. 이는 흥미롭고 아름다운 이벤트
나 축제를 통해 하나님을 경험하는 것입니다.

여덟째, 묵상주의입니다. 이는 말씀에 대한 집중적 묵상을

통해 하나님을 경험하는 것입니다.

아홉째, 지성주의입니다. 지성주의는 하나님에 대한 사색과 토론으로 하나님을 경험하는 것입니다. 어떤 사람은 기도하다가 하나님을 만나고, 어떤 사람은 성경을 묵상하다가 하나님을 만나지만, 또 어떤 사람은 하나님에 관해 철학적으로 토론하다가 하나님을 경험하기도 합니다. 그래서 기독교 철학자들이 생겨나는 것입니다.

여기서 우리는 하나님을 경험하는 길이 결코 하나가 아니라 다양하다는 것을 알 수 있습니다.

리차드 포스터의 여섯 가지 영성

그런가 하면 복음주의적 영성학자로 우리에게 많은 영향을 끼친 리차드 포스터는 《생수의 강》이라는 책에서 여섯 가지의 영성을 이야기합니다.

먼저는, 묵상의 전통입니다. 리차드 포스터는 묵상의 전통을 대표하는 인물로 요한을 들었습니다. 요한복음은 공관복음과 다릅니다. 공관복음은 마태, 마가, 누가복음을 말하며, 요한복음은 이들과 전혀 다른 관점에서 기록되었습니다.

요한복음은 시작부터 굉장히 신비롭습니다.

"태초에 말씀이 계시니라."

그리고 요한복음 15장에 가면 "나는 포도나무요 너희는 가지라 그가 내 안에 내가 그 안에 거하면"이라는 구절이 나오는데, 요한은 이처럼 주님과의 영적 일치, 연합 같은 것을 강조합니다. 이것이 사도 요한을 묵상의 전통으로 보는 이유이기도 합니다.

둘째, 성결의 전통이 있습니다. 성결의 전통은 야고보를 따릅니다. 야고보 사도가 믿음과 행함의 일치를 강조했기 때문입니다.

셋째, 카리스마의 전통이 있습니다. 카리스마의 전통을 대표하는 인물은 바울입니다. 영적 은사가 많았던 바울은 그 은사를 통해 많은 역사를 행했습니다.

넷째, 아모스로 대표되는 사회 정의의 전통입니다. 아모스는 "정의를 물같이 … 흐르게 할지어다"(암 5:24)라고 말하며 정의를 강조했습니다.

다섯째, 복음전도의 전통입니다. 복음전도의 전통을 대표하는 사람으로는 베드로를 꼽는데, 그는 오순절에 '믿음으로 회개하고 예수 그리스도를 영접하라'라고 설교했습니다.

여섯째, 성육신의 전통입니다. 성육신 전통의 대표자는 누구보다도 예수님이십니다. 성육신하심으로 이 땅에서 몸으로 하나님을 보여주며 사신 분이기 때문입니다.

이와 같은 여섯 가지 전통 가운데 우리에게 더 익숙하게 여겨지는 것이 있을 것입니다. 어떻게 할 때 하나님이 더 가깝게 느껴집니까? 그것은 우리의 본성일 수도 있고, 지금까지 양육받았던 교회에 의해 학습된 모습일 수도 있습니다.

한국 교회 영성이 걸어온 네 가지 길

영성에 대해 아홉 가지, 여섯 가지로 정리해서 이야기했지만 여전히 기억하기가 쉽지 않습니다. 그래서 지금까지 한국 교회 영성에서 가장 자주 등장했던 길을 네 가지로 정리해보았습니다.

첫째, 복음주의(Evangelicalism)의 길입니다. 이 길이 아마도 우리에게 가장 익숙한 길일 것입니다. 이 길의 목표는 하나님의 진리를 추구하는 것이며, 주로 성경공부를 통해 그 목표에 이르고자 합니다. 즉 성경공부를 통해서 내가 믿어야 할 진리, 붙잡아야 할 진리를 발견하고 깨닫습니다. 그러다 보니 이 길을 걷는 많은 복음주의자들에게는 깊은 예배의 체험이 결핍되어 있습니다.

둘째, 오순절주의(Pentecostalism)의 길입니다. 한국에서 오순절주의는 순복음교회로 대표되는 영적인 분위기를 말합니다. 이 분들의 목표는 하나님의 은사를 추구하는 것입니다.

그래서 병을 고치고, 예언하는 은사를 받고자 합니다. 이 분들은 예배를 통해 은사를 받습니다. 개인적으로 예배하든 공동체적으로 예배하든, 예배를 드리다가 은혜를 받습니다. 반면 이 분들에게는 성경공부가 결핍되어 있습니다.

셋째, 사회복음주의(Socio-evangelicalism)의 길입니다. 한국에서의 사회복음주의를 말한다면 기독교장로회가 대표적일 것입니다. 과거 군사정권 시절 민주화 투쟁을 했던 분들이 이 길에 대거 속해 있습니다. '사회도 복음화 되어야 한다, 사회 구조적인 악이 개선되고 공평과 정의가 이 땅에 이루어져야 한다'라고 생각하시는 이 분들의 목표는 하나님의 정의를 추구하는 것이며, 행동(action)을 주된 방법으로 삼고 있습니다. 그래서 이 분들의 행동을 사회 행동(social action) 혹은 정치 행동(political action)이라고 합니다. 이 분들에게 결핍된 것은 바로 묵상입니다. 그러나 이 분들의 마음속에도 묵상에 대한 갈망은 있습니다. 그래서 결핍된 갈망이라고 하는 것입니다.

넷째, 수도원주의(Monasticism)의 길입니다. 수도원주의는 한국 교회 안에서 그리 많이 나타나지 않다가 최근 들어 활성화되고 있습니다. 목표는 하나님의 사랑을 추구하는 것입니다. 이 분들은 하나님의 깊은 사랑 속에 빠지고 싶어 합니다. 깊은 묵상을 통해 하나님의 사랑을 경험하고자 합니다. 하지만 이러한 수도원주의에 대한 비판도 있습니다.

'나는 산 속에 가서 기도하고, 하나님의 은혜를 체험하고, 하나님과 하나가 되고, 하나님의 사랑을 경험하는데, 이 세상은 어둠 속에 있어도 좋은가?'

그래서 도피주의로 비판 받기도 합니다. 즉, 이 분들에게는 행동이 결핍되어 있습니다. 그러나 이 분들에게도 사실은 행동하고 싶은 마음이 있고, 수도원 운동을 했던 수도사들이 사회를 다 저버린 것도 아닙니다. 수도원 운동사를 공부해보면 사막에 가서 수도원을 만들어 주변을 변화시키고, 부락과 공동체가 생기면 아카데미를 만들어 교육한 것을 알 수 있습니다.

하월드 스나이더라는 복음주의 신학자는 한 강의에서 '앞으로 21세기에 가장 필요한 운동은 바로 새로운 수도원주의'라고 했습니다. 새로운 수도원 운동은 옛 수도원 운동을 그대로 따르는 것이 아니라 수도원 운동의 장점을 잘 수용하며 나아가고 있습니다.

현대인들은 너무 바빠지다 보니 거기서 오는 많은 스트레스로 병을 갖게 되었고, 피폐해진 삶을 살게 되었습니다. 그래서 이 분들은 수도원 영성이 바로 우리 시대에서 회복되어야 하며, 새로운 방법으로 새롭게 해석되어야 한다고 말합니다.

이것이 바로 '새로운 수도원주의'라고 하월드 스나이더는 정의했습니다.

저는 이 네 가지 길을 이렇게 도식화해보았습니다.

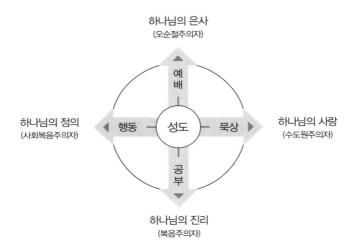

〈한국 교회 영성의 네 가지 길〉

네 가지 길 가운데 성도가 있습니다. 네 가지 길은 하나님을 경험하는 길인데, 어떤 사람에게는 하나님의 은사를 경험하는 것이 제일 중요한 일이 될 수 있습니다. 이들을 오순절주의자라고 하는데, 이들이 하나님의 은사를 체험하는 방법은 예배였습니다.

또 어떤 분들에게는 신앙생활에서 제일 중요한 목표가 하나님의 진리를 찾는 것일 수 있습니다. 그 진리를 찾기 위해 성경을 공부해야 한다고 여긴 분들을 복음주의자라고 불렀습니다.

그리고 하나님의 정의가 이 땅에 실현되어야 하며, 그러기 위해서는 행동해야 한다는 사람들이 있습니다. 이들은 사회 복음주의자라 불렀습니다. 이들에게는 하나님의 정의가 제일 중요한 핵심이었습니다.

마지막으로 하나님의 사랑에 목말라하고 하나님의 사랑에 올인(All-in)하는 사람들이 있습니다. 이들을 수도원주의자라고 불렀습니다. 이들이 사용한 방법은 묵상이었습니다.

자신의 영성 여정을 돌아보라

제 경우를 생각해보면, 저는 복음주의적 선교사님들을 만나 성경공부를 통해 신앙생활을 시작했고, 성경공부를 하다가 예수님을 만났습니다. 그래서 제게 가장 편하고 좋은 방법은 성경공부입니다. 이것이 저의 전통이었습니다.

하지만 신앙생활과 목회를 하면서 오순절주의가 궁금해졌습니다. 처음에는 방언과 예언은 신비주의라고 생각했는데, 만일 할 수 있다면 나도 해보고 싶다는 갈망이 생겼습니다. 그래서 점차 마음의 문을 열었고, 그쪽으로 가기 시작했습니다.

조금 더 지나 청년 시절에 민주화 운동을 경험하면서 '나는 가만히 있어도 되나? 저렇게 수많은 사람들이 민주화를 위해 투쟁하고 힘들어하는데, 성경공부와 기도만 하면 다 되는 것인가?'라는 갈등이 생겼습니다. 그래서 사회복음주의에 대한 관심이 생겼습니다. 제가 뛰어나가 직접 데모를 한 것은 아니지만, 그들의 입장에 대해 책도 읽고 연구도 하고 논문도 쓰면서 관심을 갖게 되었습니다.

그리고 나이가 들어가며 제 목표를 거의 마무리하던 마지막 목회 기간에 제게 찾아온 새로운 관심은 수도원주의입니다. 이것이 제가 걸어온 영적인 여정입니다.

신앙의 여정을 오순절주의에서 시작한 분도 있고, 사회복음주의에서 시작하신 분도 있을 것입니다. 한 곳에서 시작해서 그곳에서 여정을 마친 분들도 있을 것입니다. 앞서 제시해 드린 그림을 보면서 각자 자신이 걸어온 영적 여정을 돌아보면 좋겠습니다.

사람마다 걸어온 영적 여정이 조금씩 다를 것입니다. 그러나 아주 객관적으로 엄격하게 들여다보면 우리에게는 하나님의 진리, 은사, 정의, 사랑이 모두 필요합니다.

혹 지금까지 어느 한쪽만을 고집하며 집중해왔습니까? 그렇다면 이 모든 것이 우리에게 필요함을 아시는 하나님, 내가 속해 있던 전통보다 더 크신 하나님을 경험할 수 있도록 마음을 열어보는 것이 건강한 영성 여행을 위한 가장 중요하고도 기본적인 출발점이 아닌가 싶습니다.

기독교 영성을 여러 면으로 살펴본 저는 지금까지 다루었던 모든 길들을 광범위하게 내포하는 영성적 작품이 바로 존 버니언의 《천로역정》이 아닌가 하는 결론에 도달했습니다.

천로역정은 무엇보다 복음주의 영성의 길을 대표합니다. 그러나 천로역정에는 오순절 형제들이 강조하는 영적 전투의 길이 있고, 수도원주의에서 강조해온 사랑의 길이 있으며, 심지어 《천로역정》 제2부에는 사회적 약자들을 배려하는 사회정의의 가르침도 포함됩니다.

그러므로 이 책은 교파를 막론하고 모든 개신교가 수용하고 동의할 수 있는 개신교의 대표적인 영성적 작품이라고 생각합니다. 그렇기 때문에 《천로역정》을 중심으로 기독교적 영성의 길을 같이 탐구하면서 우리의 삶이 어떻게 만들어져야 하는가를 생각해보고자 합니다.

· 존 버니언의 《천로역정》 읽어 보기

· 게리 토마스의 《영성에도 색깔이 있다》, 리차드 포스터의 《생수의 강》을 빠른 시일 내에 읽어보기

CHAPTER 2

존 버니언의 순례자 영성

앞서 기독교 영성의 다양한 길을 포괄할 수 있는 개신교의 대표적 영성이 녹아 있는 작품이 바로 존 버니언의 《천로역정》이라고 했습니다. 왜냐하면 그 책은 우리가 예수님을 믿게 되는 순간부터 천국에 들어가는 순간까지 삶의 과정을 다 포함하고 있기 때문입니다. 물론 기독교 영성의 모든 길을 전부 포함하고 있다고 말하기는 어렵겠지만, 상당히 많은 것들을 포함하고 있음은 분명합니다. 이런 이유로 저는 존 버니언의 《천로역정》에 주목하고자 합니다.

예전에 저희가 영성센터를 지을 때 하나님께서 '필그림 하우스'라는 이름을 주셨는데, 이 이름을 들으면 자연스레 'Pilgrim's Progress'(천로역정)라는 단어가 떠오릅니다. 하나님께서 아마도 '필그림'이란 단어를 통해 우리에게 '순례자의 영성'이라는 소중한 영성의 목표를 추구하도록 인도해주시는 것이 아닌가 하는 생각이 들었습니다.

존 버니언의 순례 여정

그렇다면 이 놀라운 책을 쓴 존 버니언은 어떤 삶의 여정을 걸었을까요? 존 버니언은 청교도 시대를 대표하는 크리스천입니다. 저는 20대 초반에 영어를 배우기 위해 선교사님을 따라다니다 예수님을 영접했는데, 그때 《천로역정》 영어판을 선물 받았습니다. 너무 어려워서 일일이 사전을 찾아보며 읽었던 기억이 납니다.

지금 생각해보면 제가 《천로역정》과 만나게 된 것도 인도하심이 아닐까 싶습니다. 설교를 평가하는 사람들이 제 설교를 '스토리텔링 설교'라고 하는데, 이것도 아마 스토리로 이루어진 《천로역정》에서 무의식적으로 영향을 받은 게 아닐까 생각합니다. 그래서 저는 제 설교에 정말 많은 영향을 준 사람으로 존 버니언, 그리고 영국 사람인 찰스 스펄전을 꼽습니다. 존 버니언에게서는 신앙을 이야기로 풀어나가는 탁월한 설명을, 찰스 스펄전에게서는 십자가에 대한, 복음에 대한 강렬한 강조를 배웠기 때문입니다.

존 버니언이 쓴 《천로역정》을 따라가기에 앞서 그가 어떤 일생을 살며 어떤 순례 여정을 거쳤는지 살펴봅시다.

1628년 영국에서 땜장이의 첫 아들로 태어난 존 버니언은 열여섯 나이에 의회군 병사로 군대에 징집되었습니다. 그 당시 영국은 내전을 겪고 있었고, 이 내전을 배경으로 청교도들이 등장하게 됩니다.

청년이 된 그는 한 여인과 결혼하게 되는데, 사실 존 버니언이 그녀와 결혼하기 전까지는 엄밀한 의미에서 크리스천이라고 할 수 없었습니다. 그녀는 결혼할 때 청교도의 책을 두 권 가져왔는데, 아서 덴트(Arthur Dent)라는 사람이 쓴 《평범한 사람이 천국에 이르는 좁은 길》과 루이스 베일리라는 사람이 쓴 《경건의 실천》이었습니다.

존 버니언은 그녀가 가져온 두 권의 책을 읽다가 천국과 지옥, 하나님의 살아 계심과 예수님이 십자가에서 돌아가심, 자신의 죄인 됨, 그리고 이 죄의 문제를 해결하기 위해서는 십자가밖에 해답이 없다는 것을 깨닫고 신앙을 갖게 됩니다. 회심을 통해 진정한 크리스천이 된 것입니다. 그래서인지 《천로역정》을 연구하는 학자들은 책 안에 이 두 권의 영향이 고스란히 남아 있다고 평가합니다.

그의 신앙에 이처럼 큰 영향을 끼친 첫 부인은 일찍 세상을 떠났고, 이후 엘리자베스라는 여인을 만나 재혼합니다. 독실한 크리스천이었던 엘리자베스는 존 버니언과 서로를 지원하는 동역자로 그와 남은 삶을 함께했습니다.

1655년 엘스토에서 베드포드로 이주한 존 버니언은 그 마을에서 설교를 시작했으나, 그것을 이유로 옥살이를 하게 됩니다. 영국은 종교개혁 이후 개신교를 따라가지도 않고 가톨릭에 머무르지도 않으며 영국 고유의 개신교를 만들어냈는데, 그것이 바로 영국 국교회입니다. 그런데 국교회가 만들어지니까 그 외의 다른 교회들은 모두 불법이 되어버렸습니다. 자기가 성경을 읽으며 스스로 얻은 확신에 의해서 신앙표현을 하는 사람들의 자유를 용납하지 않았던 것입니다.

이런 상황에서 영국 국교도에 속하지 않은 크리스천이었던 청교도들은 비국교도로 분류되어 영국 국교회에 의해 핍박받았습니다. 존 버니언은 국교회에 속한 사람도 아니고 신학을 한 것도 아닌데 함부로 설교하고 다녔으므로 불법이라고 하여 옥살이를 하게 됩니다.

존 버니언은 훗날 "신앙이 너무 감동스러워서 설교하지 않을 수 없었다"라고 회고합니다. 당시 침례교의 전통은 평신도에게도 설교를 하도록 허용했습니다. 지금도 침례교는 평신도들에게 설교를 할 수 있도록 격려합니다.

옥에서 잠시 나왔을 때, 그는 정식으로 안수를 받고 침례교 목사가 됩니다. 당시 비국교도들이 봤을 때, 영국 국교는 가톨릭에서 나왔다고는 하지만 여전히 가톨릭적 요소들을 많이 가지고 있었고, 복음의 확신을 갖지 못했기에 개혁적인 교회의 모습이 아니라고 생각했습니다. 그래서 성경을 읽고 확신을 얻은 순수한 크리스천들은 국교회에 들어가는 것을 거부했습니다. 때문에 침례교, 장로교 할 것 없이 핍박받았고, 영국 국교회에 속하지 않은 사람들은 전부 비국교도로 통칭되었습니다.

풀려난 것도 잠시, 1675년에 다시 감옥에 투옥된 존 버니언은 여기서 천로역정을 집필합니다. 이렇게 쓰인 《천로역정》은 1678년 출간됩니다. 그러나 마음에 아쉬움이 있었던 버니언은 2부를 쓰기 시작했고, 1684년 2부가 출간됩니다.

그리고 1688년 심한 비를 맞으며 런던에 갔던 그는 폐렴에 걸려 60세를 일기로 천국으로 떠났습니다. 자신이 사모했던, 그렇게도 그리워했던 시온성, 천국에 입성한 것입니다. 지금도 런던 교외에 가면 번힐(Bunhill Fields)이라는 묘역(Cemetry)에 존 버니언의 묘가 그대로 보존되어 있습니다.

존 버니언의 《천로역정》 속으로

본격적인 여정을 시작하기에 앞서 존 버니언의 역작인 《천로역정》을 전체적으로 한 번 살펴보고자 합니다. 저는 이 여정을 다섯 부분으로 나누겠습니다. 첫 번째 부분은 순례자가 멸망의 도시를 떠나 좁은 문에서 십자가에 이르기까지의 과정입니다. 두 번째 부분은 십자가에서 미궁까지, 세 번째 부분은 미궁에서 사망의 음침한 골짜기까지, 네 번째 부분은 사망의 음침한 골짜기에서 기쁨의 산까지, 그리고 마지막 부분은 기쁨의 산에서 뿔라의 땅을 거쳐 천성에 입성하는 부분까지입니다.

1. 멸망의 도시를 떠나 십자가에 이르기까지

이 책은 1600년대에 쓰였기에 지금은 누구든지 자유롭게 번역할 수 있게 되어 한국어로도 아주 다양한 번역본들이 나와 있습니다. 그러다 보니 번역하는 사람에 따라 등장인물들에 대한 내용이 조금씩 다릅니다. 지금은 일반적으로 '크리스천'이라고 불리는 주인공은 처음에 '기독도'라고 되어 있었습니다. 이 크리스천이 살고 있던 마을이 '멸망의 도시'였는데, 처음에는 '장망성'(장차 망할 성)이라고 했습니다. 이런 것들을 보면 우리 신앙의 선배들이 상당한 유머를 가지고 있었다고 여겨집니다.

이제 주요 등장인물과 장소들을 중심으로 이 부분의 내용을 살펴봅시다.

주인공 '순례자 크리스천'의 본명은 '은혜를 모름'(Grace-less)이었습니다. 그가 어느 날 책을 한 권 읽게 되는데, 그 책이 바로 성경입니다. 그런데 책을 읽은 그에게 고민이 생겼습니다. 자꾸 자신의 죄가 느껴졌기 때문입니다. 점점 죄의 무게가 자신을 억누르고, 그러면서 이 죄의 문제를 어떻게 해결해야 할까 고민이 되어 고통스럽게 울고 있었습니다.

그때 만난 인물이 '전도자'(Evangelist)입니다. 크리스천이 그 책을 읽다가 죄에 대한 고민이 생겨서 울고 있다고 말하자 전도자는 "염려하지 말고 저 불빛을 따라가면 좁은 문이 나오는데, 그 문을 지나 계속 가면 당신은 시온성에 도달할 것입니다"라고 알려줍니다.

우리에게도 이런 전도자의 역할을 해준 분들이 있습니다. 그 분들 덕분에 우리의 신앙이 출발하게 된 것입니다. 그렇게 막 출발했을 때, 크리스천의 동네에 살던 두 사람이 따라오는데, 그들은 '고집'(Obstinate) 씨와 '온순'(Pliable) 씨입니다.

고집 씨는 따라오면서 "아무래도 잘못 가는 것 같다, 우리 고향이 살기 좋은데 도대체 좋은 데가 어디 있단 말이냐, 돌아가자"라고 고집을 피우며 오히려 크리스천을 설득하려 합니다. 그러다 혼자서 자신의 도시로 돌아가 버립니다. 반면 온순 씨는 계속 따라옵니다. 여기서 '온순'이라는 이름이 좋은 번역 같지는 않습니다. 다른 번역에서는 '유약' 혹은 '변덕'으로 나오는데, 이는 '마음이 약한 친구'라는 뜻입니다.

얼마 후 '절망(Despond)의 늪'에 빠져 허우적거릴 때, 온순 씨는 "너 때문에 속아서 왔다"라며 크리스천을 원망합니다. 그리고 늪에서 빠져나온 뒤에는 자신의 도시로 돌아가 버립니다.

혼자 남게 된 크리스천이 절망의 늪 속에서 "정말 하나님이 살아 계신다면 저를 좀 도와주세요"라고 구하자 정말 '도움'이 왔습니다. 아주 절묘한 때에 도움이 온 것입니다. 이 부분에 "내가 너희를 고아와 같이 버려두지 아니하고 너희에게로 오리라"(요 14:18)라는 말씀이 인용되어 있습니다. 그러니까 절묘한 때에 하나님의 도움이 찾아온 것입니다. 도움 씨가 크리스천을 수렁에서 끌어냈습니다.

이후 계속 길을 가던 크리스천은 '세속현자'(세속지자, Worldly-wiseman) 씨를 만납니다. 어떤 번역에는 '세지'(세상의 지혜) 씨로 번역하기도 했습니다. 이 사람이 어디로 가냐고 물어보자 크리스천은 "좁은 문을 통해 천국에 가려고 한다"라고 답합니다. 그러자 세속현자는 그렇게 복잡하게 갈 필요가 없다며 한 마을을 가리킵니다. 그 마을의 이름은 '도덕촌'(moral village)입니다. 그곳으로 가면 천국으로 직행할 수 있다면서, 도덕을 따라서 양심껏 살면 다 천국에 가는 것이지 그렇게 복잡한 과정을 거칠 필요가 없다고 말합니다.

세상이 하는 소리가 이렇습니다. 복음이 아닌 세상 모든 종교가 공통적으로 가르치는 것이 이겁니다. 양심 따라 살고, 도덕 따라 살면 그만이지 예수 그리스도라는 존재가 꼭 필요한 것은 아니라고 합니다. 그런 세상의 지혜를 대표하는 인물이 바로 세속현자입니다. 하지만 크리스천은 다행히 그의 말을 듣지 않았습니다.

그렇게 가다 드디어 '좁은 문'에 도달했습니다. 좁은 문을 노크하자 문이 열립니다("두드리라 그러면 너희에게 열릴 것이니", 눅 11:9) 그러면서 만나게 되는 인물이 '선의'(Good-will) 씨입니다. 크리스천이 좁은 문을 통과하자 선의가 잘 왔다며 환영해줍니다.

선의는 크리스천을 데리고 해석자의 집으로 가는데, 이 해석자는 다시 7개의 방으로 크리스천을 데려갑니다. 그 방에는 여러 가지 그림이 진열되어 있었습니다. 그것들은 앞으로 크리스천이 당할 일들이었습니다. 좁은 문을 통과했지만 천성에 갈 때까지 크리스천이 경험하고 준비해야 할 일들이 그림으로 나와 있었습니다.

'해석자'(Interpreter)는 하나하나 설명하면서 어떤 준비를 해야 하는지 알려줍니다. 해석자의 집은 신앙의 길 전체를 미리 설명하며 안내하는 역할을 해주었습니다. 우리에게는 성경을 해석해서 우리 인생의 길, 신앙의 길을 준비시켜주는 분들이 계십니다. 바로 그 분들이 해석자의 역할을 하는 것입니다.

크리스천이 드디어 '십자가' 앞에 섰을 때 세 명의 천사가 등장합니다. 첫 번째 천사는 "당신의 죄는 사함 받았습니다"라고 선포합니다. 그러자 무거운 죄의 짐이 모두 떨어져 나갔습니다. 두 번째 천사는 크리스천이 입고 있던 누더기 옷을 벗기고 깨끗한 옷으로 입혀줍니다. 세 번째 천사는 크리스천의 이마에 도장을 찍습니다. 존 버니언은 이것이 '성부, 성자, 성령의 십자가를 통한 구원 사역'을 상징한다고 말합니다.

십자가 앞에서 우리를 위해 죽으시고 다시 사신 예수 그리스도를 믿는 순간, 우리의 죄는 사함을 받습니다. 그다음 성자 하나님이신 예수님이 우리의 죄를 용서하실 뿐만 아니라 우리를 의롭다고 해주심으로 우리는 헌 옷을 벗고 새 옷을 입게 됩니다. 마지막으로 성령 하나님이 우리를 인(印)쳐 주십니다. '이제부터 너는 하나님의 자녀'라고 해주시는 것입니다.

십자가를 통해서 우리는 진짜 크리스천이 되고 하나님의 자녀가 됩니다. 하지만 십자가를 통과했다고 해서 신앙생활이 끝나는 것이 아닙니다. 이제 본격적인 시작일 뿐입니다.

2. 십자가에서 미궁까지

십자가를 통과한 그는 길을 가다 잠들어 있는 사람들을 만나게 됩니다. 그들의 이름은 '단순'(우매한, simple) 씨, '나태'(게으름, Sloth) 씨, '거만'(오만방자, Presumption) 씨였습니다. 크리스천은 생각합니다.

'십자가에서 죄 사함 받고 구원받았으니 감격에 차서 찬양 부르며 이 길을 갔을 텐데, 이 사람들은 어째서 이렇게 잠들어 있나?'

신앙의 길에서 이런 사람들을 만날 때가 있습니다. 잠들어 있는 채로, 우리 신앙의 모본이 되기는커녕 방해가 되는 사람들입니다.

영어에서는 'simple'이 좋은 단어로 쓰일 때도 있지만 반대의 의미로 쓰일 때도 있습니다. 존 버니언은 여기서 '단순'(simple)을 아둔한 사람, 제대로 생각하지 못하는 사람을 나타내는 데 사용했습니다. 십자가를 통과하고도 그 감격을 알지 못하는 사람을 말합니다.

'나태'는 게으른 사람입니다. 존 버니언은 크리스천이 나태 씨를 만나는 장면에서 "네가 좀 더 자자, 좀 더 졸자, 손을 모으고 좀 더 누워 있자 하니 네 빈궁이 강도같이 오며 네 곤핍이 군사같이 이르리라"(잠 24:33,34)라는 구절을 인용합니다.

나태는 신앙생활을 하고 있지만, 여전히 게으르고 열정이 없는 사람을 상징합니다.

또 '거만'한 사람이 있습니다. 이 사람은 예수님을 믿으면서도 여전히 자기 생각을 더 중요하게 여깁니다. 말씀보다, 성경보다 자신의 의지가 훨씬 더 중요한 사람입니다.

그 다음에 만난 사람은 '허례와 위선'(Formalist/Hypocrisy) 씨인데, 이들은 크리스천이 왔던 길이 아니라 담을 넘어 왔습니다. 이들은 정상적으로 크리스천이 되지 않은 이들로 진정한 의미의 크리스천이 아닌 사람들을 상징합니다. 진정한 신앙의 고백이 없고 위선적이어서 겉으로만 꾸몄지 신앙의 진정성이 없는, 회심을 거치지 않고 교회만 나오는 사람들입니다.

이렇게 십자가는 통과했지만 여전히 길은 힘들었습니다. 그리고 앞에는 '곤고의 산'이 있었습니다. 이 산을 넘어야 계속 길을 갈 수 있었습니다.

가까스로 이 산을 넘으면서 크리스천은 위험 씨와 멸망 씨를 만나게 됩니다. 이들이 계속 겁을 주자 크리스천은 흔들리기 시작합니다. 우리도 신앙이 흔들리는 위기를 만날 수 있습니다.

다음으로 크리스천은 '겁쟁이와 불신'(Timorous/Mistrust) 씨를 만납니다. 크리스천은 십자가에서 미궁까지 가는 동안 실제로 큰 위험을 당하지는 않지만 마음을 흔드는 많은 인물들을 만나게 됩니다. 겁쟁이와 불신은 거꾸로 길을 오면서 '더 이상 갈 필요가 없다. 이 길은 위험하다'라고 말합니다. 존 버니언은 여기서 우리가 여러 시련들을 통과하며 신앙의 길을 가게 된다는 것을 말하고자 했습니다.

다행히 이 모든 곳을 잘 통과한 크리스천은 드디어 '미궁'(Beautiful House)에 도착하게 됩니다. 하지만 궁전 앞에는 두 마리의 사자가 으르렁거리고 있었습니다. 겁을 먹고 못 들어가겠다고 하고 있는데, 안에서 "걱정 마라, 그 사자들은 묶여 있으니 좌우로 치우치지 말고 가운데로 오면 된다"라는 목소리가 들려옵니다. 목소리를 따라 안으로 들어가니 많은 사람들이 환영해주었습니다.

미궁은 이 땅의 많은 시련 속에서도 이 길을 가게 하는 힘을 얻을 수 있는 장소로서 '교회'를 상징하는 것이라고 말할 수 있습니다. 교회가 바로 아름다운 하나님의 집입니다. 크리스천은 이 미궁에서 경계, 신중, 분별, 경건, 자애라는 사람들을 만나 따뜻한 환대와 사랑을 받습니다.

미궁 안에는 3개의 방이 있습니다. 첫 번째 방은 평화의 방으로, 이 평화는 그리스도를 통해서 우리에게 제공되는 평화를 말합니다. 우리는 교회 안에서 그런 평화를 발견할 수 있습니다.

두 번째 방은 서재입니다. 이 서재에는 우리보다 앞서 이 길을 걸었던 신앙의 간증들이 있습니다. 크리스천은 그런 책을 읽으면서 '아, 내가 이런 것들을 조심하고 이렇게 신앙생활을 해야지'라고 생각합니다. 우리는 교회 안에서 신앙의 선배들을 만나 이런 교훈을 받을 수 있습니다.

마지막 방은 무기고입니다. 앞으로 더 험해질 길을 걸어가기 위해서는 영적 무장이 필요하기 때문입니다. 그들은 구원의 투구, 의의 흉배, 진리의 허리띠, 성령의 검, 믿음의 방패와 같은 무기들을 보여주며, 크리스천에게 하나님의 전신갑주를 입으라고 합니다.

3. 미궁에서 사망의 음침한 골짜기까지

크리스천은 미궁 안에서 '경계'(Watchful), '신중'(Discretion), '분별'(Prudence), '경건'(Piety), '자애'(Charity)를 만나는데, 경계는 앞으로 크리스천이 조심해야 할 것을 가르쳐줍니다. 신중은 신앙생활을 신중하게 가이드해줍니다. 분별은 잘못된 가르침이나 적그리스도적인 가르침을 잘 분별하도록 도와줍니다. 경건은 경건의 본이 되었던 사람입니다. 자애는 사랑이 풍성했던 성도입니다. 미궁을 떠날 때, 이들은 크리스천을 배웅하며 앞으로의 험난한 길에서 승리하라고 격려해줍니다.

미궁을 떠난 크리스천은 드디어 '겸손의 골짜기'에 도달합니다. 그런데 골짜기에 들어서자마자 불화살이 날아오고, 크리스천은 방패로 불화살을 막아섭니다. 이 불화살을 쏘고 있는 존재는 '아볼루온'이라는 파괴자로, 요한계시록에 나오는 마귀의 상징이었습니다. 무장을 하고 있었던 크리스천은 불화살에 맞았지만 다행히 약간의 상처만 입게 됩니다. 그리고 그 상처로 인해 더욱 하나님을 의존하며 겸손해집니다.

얼마나 큰 인생의 교훈입니까! 인생에 상처가 없다면 우리는 얼마나 교만할까요. 상처가 없는 사람은 없습니다. 자신만 알고 있는, 내 속에 있는, 가정 안에 있는 상처들이 있기에 우리는 겸손할 수 있습니다. 하나님을 더 의지하게 되고, 기도하게 됩니다. 그래서 이 골짜기의 이름이 '겸손의 골짜기'입니다. 상처가 나를 겸허하게 만들기 때문입니다.

골짜기를 통과한 크리스천을 기다리고 있는 것은 캄캄한 골짜기였습니다. 어둠의 골짜기, '사망의 음침한 골짜기'에 이르게 된 것입니다. 엄습해오는 공포 속에 한 음성이 들려옵니다.

"너는 혼자가 아니야. 내가 곁에 있단다."

바로 이 장면에 아주 기막힌 말씀이 인용됩니다.

"내가 사망의 음침한 골짜기로 다닐지라도 해를 두려워하지 않을 것은 주께서 나와 함께하심이라 주의 지팡이와 막대기가 나를 안위하시나이다"(시 23:4).

이 말씀을 의지한 크리스천은 사망의 음침한 골짜기를 무사히 통과하게 됩니다.

4. 사망의 음침한 골짜기에서 기쁨의 산까지

사망의 음침한 골짜기를 지나면서 크리스천은 좋은 친구를 만납니다. 그 친구의 이름은 '신실'(Faithful) 씨입니다. 교회 안에서 우리를 시험 들게 하는 사람도 있지만, 또 신실한 친구들을 만나기도 합니다. 신실 씨는 크리스천에게 자기 간증을 해줍니다. '과거에 이런 어려움이 있었고, 나는 이렇게 해서 승리했다'라고 합니다. 신실 씨의 간증은 크리스천에게 많은 도움이 되었습니다. 하지만 신실 씨는 얼마 후 순교를 하게 됩니다. 끝까지 신실하게 신앙생활하고 크리스천과 동행하다가 잠시 후에 나올 허영의 시장에서 순교합니다.

신실을 만나서 이제는 좋아졌다 싶은 그때, 바로 옆에 '수다쟁이'(Talkative)가 따라붙었습니다. 말만 많고 도움이 되지 않는 친구입니다. 존 버니언은 바로 이 대목에서 절묘하게 한 구절을 또 인용합니다.

말보다 중요한 것은 우리의 삶입니다.

그들은 수다쟁이의 유혹을 뿌리치고 '허영의 시장'(Vanity)에 도착합니다. 허영의 시장에 들어서자마자 화려한 것들이 눈을 돌아가게 만듭니다. 시장에 진열되어 있는 것들은 육신의 정욕, 안목의 정욕, 이생의 자랑 등으로, 우리를 세상에 마음 뺏기게 하는 유혹들이 많았습니다. 사실은 아무것도 아닌 헛된 것인데 말입니다. 이 허영의 시장에서 신실은 계속해서 크리스천을 일깨웁니다. 그리고 이 시장을 관리하는 사람들과 맞서 싸우다가 순교하게 됩니다. 여기서 신실은 중요한 메시지를 남깁니다.

헛되고 헛되며 헛되고 헛되니 모든 것이 헛되도다 전 1:2

이 허영의 시장에서 한눈팔아서는 안 됩니다.

신실이 죽어서 외로울 크리스천에게 하나님이 바로 친구 하나를 붙여주십니다. 그 친구는 '소망'(Hopeful) 씨입니다. 이 소망이라는 친구는 죽음의 강을 건너서 시온성까지 크리스천과 같이 들어갑니다. 소망이 없으면 우리는 인생을 살 수 없습니다. 희망이 없다면 우리는 하루도 살 수가 없습니다. 소망이 있다는 것이 얼마나 놀랍습니까. 크리스천은 소망을 만나, 소망을 갖고 그 길을 가게 됩니다.

조금 가다가 '절망의 거인'을 만나게 되는데, 절망의 거인은 만나자마자 크리스천과 소망을 감옥에 집어넣습니다. 이 감옥의 이름은 '의심의 감옥'(의심의 성)입니다. 의심의 감옥 속에 있을 때 절망의 거인의 부인이 찾아와 "당신들이 여기서 나올 수 있는 희망은 없다. 당신이 여기서 취할 수 있는 최선의 선택은 고통을 줄이는 길인 자살뿐이다"라고 말합니다.

이렇게 자살의 유혹을 받고 있던 크리스천이 자신의 주머니를 뒤지다 성경책 한 권을 발견하게 됩니다. 성경책에서는 작은 열쇠 하나가 떨어졌고, 그 열쇠로 감옥 문을 열 수 있었습니다. 감옥에서 놓아주는 '약속의 열쇠', 그것은 하나님의 말씀이었습니다. 말씀이야말로 우리를 노예 된 자리에서 풀어주고, 자유를 주며, 새로운 소망을 주는 것입니다. 우리가 말씀을 붙들고 다시 소망을 가져야 한다는 놀라운 알레고리입니다.

크리스천은 드디어 기쁨의 산에 입성하게 됩니다. 미리 말씀드리지만 천로역정에는 많은 시련과 고통, 아픔이 있습니다. 인생은 시련과 고통뿐일까요? 그렇다면 어떻게 신앙생활을 하겠습니까? 그래서 천로역정의 길을 걷는 동안 크리스천에게 기쁨을 주었던 장소가 몇 군데 나옵니다.

그중 첫 번째 장소는 미궁(아름다운 궁전)입니다. 저는 교회가 성도들에게 희망을 주고, 기쁨을 주는 장소여야 한다고 생각합니다. 두 번째는 기쁨의 산입니다. 이 기쁨의 산에서 크리스천은 좋은 목자들을 만나 그들의 환영을 받았습니다. 그곳에는 샘물이 흐르고, 포도밭이 있으며, 과수원의 과일이 풍성했습니다. 크리스천은 기쁨의 산에서 에너지를 공급받고, 회복되고, 새로워졌습니다. 그동안 힘들었던 모든 것을 떨치고 다시 일어날 수 있었습니다. 이와 같이 인생을 살다보면 고통만 있는 것이 아니라 우리에게 다시 힘을 주는 좋은 목자들을 만나 격려를 받고 다시 일어서기도 하는 것입니다. 세 번째 장소는 이후에 나오는 뿔라의 땅입니다.

5. 기쁨의 산에서 뿔라의 땅을 거쳐 천성에 입성하다

기쁨의 산을 떠날 때 '지식'(Knowledge), '경험'(Experience), '경계'(Watchful), '성실'(Sincere)이라는 목자들이 배웅을 나옵니다. 지식은 우리에게 필요한 지식을 공급해주고, 경험은 좋은 경험에 대해서 가르쳐주며, 경계는 잘못된 것을 경계해주고,

성실은 성실의 본을 보여줍니다. 크리스천은 이들과 만남을 가지고 기쁨의 산을 떠납니다.

그런데 가다가 또 '무지'(Ignorance)를 만나 시험에 들게 됩니다. 무지는 알지도 못하면서 우겨대는 친구입니다. 그러면서 "당신이 여기까지 오느라 수고했지만 이 길은 제대로 된 길이 아니다"라면서 확신을 가지고 잘못된 길을 가르쳐 줍니다.

무지를 잘 이겨낸 크리스천이 마지막으로 만나게 되는 유혹의 캐릭터가 '작은 믿음'입니다. 이 사람은 신앙인이긴 하지만 보기만 해도 시험에 드는 사람입니다. 초라해 보이고, 너무나 근심이 많아 보입니다. 그래서 '저런 사람이 예수 믿는 사람이라면 나는 예수 믿기 싫다'라는 생각을 하게 합니다. 저는 진정한 크리스천 가운데도 그런 사람이 있을 수 있다고 생각합니다. 이는 믿음이 작기 때문입니다.

이 대목에서 존 버니언은 베드로 사건을 인용합니다. 베드로가 물속에 빠졌을 때 예수님은 베드로를 꾸짖으시며 '믿음이 없다'라고 하지 않으시고, '믿음이 작은 자'라고 하십니다. 그가 주님에게 초점을 맞추었을 때는 물 위도 걷는 기적의 사람, 대담한 사람이 되었지만 주님에게서 시선을 멀리 하자 물속에 빠져 허우적대며 살려달라고 외치는 초라한 인생이 되었습니다. 작은 믿음을 대표하는 한 이야기입니다.

작은 믿음과 헤어진 크리스천은 마지막 시험의 땅을 지나 게 됩니다. 그 땅은 '마법의 땅'이었습니다. 마법의 땅에 들어 서자마자 졸음이 밀려왔습니다. 소망은 옆에서 "여기서 자면 안 된다, 이겨야 한다"라고 말합니다. 여기서 인용된 말씀이 "근신하라 깨어라 너희 대적 마귀가 우는 사자같이 두루 다 니며 삼킬 자를 찾나니"(벧전 5:8)라는 것입니다.

마법의 땅을 지난 이들은 드디어 '뿔라의 땅'에 도착합니다. 그러자 이 땅에 있던 사람들이 이사야서의 말씀, "너는 헵시 바(너는 나의 기쁨), 너는 뿔라(너는 나의 신부)"라며 환영해줍니 다. 뿔라의 땅은 아름다운 곳이었습니다. 햇빛과 꽃, 맑은 공 기가 있었습니다. 그중에서도 뿔라의 땅이 가장 좋은 이유는 이곳에서 천성이 보였기 때문입니다.

이들은 뿔라의 땅을 지나 죽음의 강에 이릅니다. 이 죽음 의 강을 건너가야 시온성에 들어갈 수 있습니다. 그런데 존 버니언은 크리스천이 강에 들어가자마자 물이 갑자기 깊어 지면서 허우적거리다가 의식을 잃어버린다며 죽음을 묘사합 니다. 하지만 그때마다 옆에 소망이 있었고, 끝까지 동행해 주었습니다.

"저기 보이지 않는가? 그들이 우리를 환영할 준비를 하고 있다. 저 나팔 소리가 들리지 않는가? 그들이 우리를 기다리고 있다."

소망의 말을 듣는 순간 물의 깊이가 낮아지면서 크리스천은 땅에 발을 딛고 서서 걸을 수 있었습니다. 그렇게 죽음의 강을 건너 드디어 '천성'에 들어가게 된 것입니다.

《천로역정》이 보여주는 7가지 순례자 영성

존 버니언의 《천로역정》이란 책의 줄거리가 우리에게 보여주고 있는 영성 7가지가 있습니다.

1. 구원의 영성

결국 《천로역정》 이야기가 우리에게 도전하는 인생에서의 가장 중요한 사건은 바로 구원의 문제입니다. 이 책의 저자인 존 버니언 자신은 젊었을 때 성경을 들고 고민을 시작했습니다. 성경을 읽을수록 자신의 죄 문제를 직면하게 되었고, 어떻게 죄 문제를 해결할지 고민했습니다. 착하게 살겠다는 결심만으로 해결되지 않았기 때문입니다. 그때 성경에서 십자가, 예수 사건을 발견하게 됩니다.

'하나님이 예수 그리스도를 보내심으로 그분이 우리의 죄를 짊어지고 십자가에 죽으셔서 보혈을 흘리셨기 때문에 우리가 죄 사함 받고 하늘나라에 들어갈 수가 있다. 그분을 믿음으

로써만 구원을 받을 수 있다.'

그래서 그는 이 구원의 영성을 우리에게 가르쳐줍니다. 그리고 그것을 극명하게 가르쳐주는 《천로역정》의 두 지점이 바로 '좁은 문'을 통과해서 '십자가' 앞에 섰을 때입니다. 좁은 문이라는 것은 문 자체가 좁다는 것이기도 하지만, 성경에 보면 문이 좁고 길이 협착해서 찾는 이가 적다고 했습니다. 대부분의 사람은 쉬운 길, 넓은 길로 갑니다. 이 넓은 길은 바로 양심을 따라 착하게 사는 것입니다. 세상의 다른 종교들이 가르치는 교훈이 바로 이 교훈입니다.

기독교가 다른 종교들과 차별화되는 독특성이 바로 착한 일만 한다고 되는 것이 아니라는 것입니다. 인간의 최선도 하나님 앞에서는 여전히 부족하기에 하나님이 예수님을 보내주신 것이고, 그분이 십자가에서 우리의 죄를 짊어지신 것이고, 보혈을 흘려주신 것입니다. 이 복음이야말로 기독교가 다른 종교와 차별성을 갖는 유일한 구원의 도리입니다. 그것을 무엇보다 잘 보여주는 것이 바로 《천로역정》입니다.

그러나 이 책의 1부가 나온 당시에도 약간의 비판은 있었습니다. 사실은 존 버니언도 그런 생각을 가지고 있었는지 모릅니다. 지금도 《천로역정》을 전체적으로 이해하지 못한 사람들이 흔하게 비판하는 것 중 하나가 '자기 식구들 다 놓아두고 혼자 천국가려고 그 길을 나섰는가?' 하는 것입니다. 아마 존 버니언도 그런 생각을 했던 모양입니다. 그래서 2부를 쓴 것입니다.

2부의 이야기는 크리스천이 시온성에 도착했다는 메시지가 멸망의 도시에 살고 있는 그의 가족에게 들려오는 데서 시작합니다. 자신의 남편, 아버지가 천국에 잘 도착했다는 소식을 들은 부인과 다섯 아들이 길을 떠납니다. 그래서 자신의 남편과 아버지가 걸어갔던 그 길을 똑같이 통과하는데, 크리스천보다는 쉽고 빠르게 도착할 수 있었습니다. 드디어 그의 가족 모두가 구원을 받습니다. 《천로역정》은 이렇게 궁극적으로 개인의 구원뿐만 아니라 가족의 구원을 지향합니다.

주 예수를 믿으라 그리하면 너와 네 집이 구원을 받으리라 행 16:31

2. 십자가 영성

인간의 가장 중요한 문제가 죄 문제인데, 이 죄 문제는 십자가가 아니고서는 해결될 방법이 없습니다. 크리스천이 십자가 앞에서 세 천사를 만났을 때, 첫 번째 천사의 선포가 바로 "네 죄가 사함을 받았다"라는 것이었습니다. 우리는 십자가 앞에서 용서에 대한 확신을 갖게 됩니다. 십자가에서 나를 위해 죽으시고 다시 사신 예수님, 그분이 내 대신 내가 지불해야 할 죄의 값을 치르시고 십자가에서 피 흘리고 돌아가셨기 때문에 우리가 용서를 받을 수 있었습니다.

두 번째 천사는 헌 옷을 벗기고 새 옷을 입혔습니다. 이것은 로마서 전체의 교리(이신칭의)를 요약한 것입니다. 우리는 십자가 복음의 소극적인 측면인 용서만 받는 것이 아니라, 적극적인 측면인 의롭다 함까지 받았습니다. 물론 그렇다고 해서 우리가 온전히 의로워진 것이 아닙니다. 우리에게 아직도 불의함이 많지만 하나님께서 의롭다고 해주신 것입니다. 이것이 은혜입니다.

세 번째 천사는 이마에 도장을 찍어주었습니다. 이는 소유를 뜻합니다. 하나님께서 "너는 내 자녀이다"라고 말씀해주시는 것입니다. 이렇게 십자가를 통해서 죄의 멍에를 벗고 하나님 자녀가 되는 체험, 이것이 바로 십자가 영성입니다.

3. 고난의 영성

그럼에도 불구하고 천국으로 가는 길, 신앙의 길은 그렇게 쉽지 않습니다. 여전히 거기에는 고난이 있습니다. 지금도 예수님을 믿으면 다 복 받고, 부자 되고, 만사형통한다고 가르치는 분들이 일부 계십니다. 마치 예수님만 믿으면 아무런 고난도 시험도 없는 것처럼 말합니다. 이런 것을 '기복종교'라고 하고, 신학에서는 '번영의 신학'이라고도 말합니다. 최근에는 기독교 안에서도 이에 대한 반성이 많이 일어나고 있긴 합니다. 예수님은 분명 예수님을 믿어도 고난과 환난이 있다고 말씀하셨습니다.

> 세상에서는 너희가 환난을 당하나 담대하라 내가 세상을 이기었노라 요 16:33

예수님은 고난의 극복을 약속하셨지 고난의 면제를 약속하신 것이 아닙니다. 신앙에도 여전히 고난은 있습니다. 《천로역정》의 크리스천이 고생을 많이 하는 것 같지만, 사실 그것이 인생입니다. 인생은 그렇게 감당하기 쉬운 것이 아니기 때문입니다.

4. 순례길 공동체(교회) 영성

우리가 이런 고난을 극복할 수 있는 것은 신앙의 공동체 덕분입니다. 인생의 고난을 극복하기 위해서라도 우리에게는 반드시 교회 공동체가 필요합니다. 《천로역정》에 등장하는 아름다운 교회의 세 가지 그림, 미궁과 기쁨의 산, 뿔라의 땅을 기억해 보십시오.

예수님을 믿다가 시험에 들게 되면 자칫 무교회주의적 사고에 빠지기 쉽습니다. 예수님은 믿지만 교회는 다니지 않겠다는 것으로, 일본에서 우찌무라 간조를 중심으로 일어난 무교회주의가 한국에도 영향을 끼쳤습니다. 한국에서 무교회주의 운동을 일으켰던 김교신 선생도 있습니다. 흥미로운 것은 무교회주의자들도 교회에 나가지 않고 혼자 신앙생활을 하는 것이 힘이 나지 않았는지 그 분들끼리 모이곤 합니다. 결국 인간은 공동체를 떠날 수 없는 것입니다. 공동체를 통해서 우리는 고난을 극복할 수 있습니다.

5. 성화의 영성

고난 받지 않고 예수님을 믿으면 얼마나 좋겠습니까? 우리에게는 왜 이런 고난이 주어지는 것일까요? 고난을 통해서 우리가 성화되기 때문입니다. 그것 때문에 겸손해집니다. 겸손의 골짜기를 지나며 상처받고, 아픔 당하면서 겸손해지는 것입니다. 인생은 그리 단순하지가 않습니다. 고난 받고 상처받으며 포기하고 내려놓으며 예수님을 닮아가는 것, 이것이 바로 성화입니다.

6. 일상의 영성

한마디로 말하면 하루하루가 전쟁이라는 것입니다. 크리스천이 걷는 길은 단 하루도 사건이 일어나지 않는 날이 없습니다. 크리스천이 걷는 길은 하루하루가 영적 전투와 싸움입니다. 일상, 날마다의 삶, 그것이 바로 신앙의 장이고, 영적인 싸움의 장이며, 전투의 장입니다. 거기서 매일매일 승리하는 것이 중요합니다.

우리가 부르는 복음성가 가운데 "내일 일은 난 몰라요 하루하루 살아요~"라는 가사가 있습니다. 그날의 괴로움은 그날로 족하며, 내일은 하나님께 맡기고 오늘은 오늘대로 승리해야 하는 것입니다. 바로 일상의 신앙, 일상의 영성으로 하루하루 주님과 더불어 살아가는 동행이 필요합니다.

7. 영화의 영성

완주의 영성은 무엇보다 중요합니다. 천신만고, 파란만장한 인생을 겪은 크리스천은 드디어 천국(시온성)에 골인했습니다. 그 수많은 역경과 고난을 극복하고 완주한 것입니다. 우리 주변에 보면 젊었을 때는 괜찮았던 사람이 마지막에 추하게 되는 경우가 있습니다. 마지막이 아름다운 삶, 그것은 참 중요합니다.

세월이 지나면 지금의 자리에서 은퇴할 때가 옵니다. 은퇴 후 마지막 일을 하며 인생의 황혼을 맞이하게 됩니다. 그 마지막, 우리가 인생을 정리하는 최후의 시각에 우리 주님에게 "잘 뛰었다. 착하고 충성된 종아"라는 말을 들을 수 있기를 소망합니다. 바울은 "나는 선한 싸움을 싸우고 나의 달려갈 길을 마치고 믿음을 지켰으니 이제 후로는 나를 위하여 의의 면류관이 예비되었으므로"(딤후 4:7,8)라고 고백했습니다. 이런 완주의 영성을 우리의 영성으로 삼을 수 있기를 주의 이름으로 축복합니다.

순례자의 묵상

· 지나온 삶을 돌아보며 나의 순례 여정에서 가장 부족한 영성은 무엇인지 점검해 보십시오.

THE SPIRITUAL PATH

PART 2
—

순례의 여정에서
배우는 영성

CHAPTER 3

구원의 영성

우리가 이같이 큰 구원을 등한히 여기면 어찌 그 보응을 피하리요
이 구원은 처음에 주로 말씀하신 바요 들은 자들이 우리에게 확증한 바니
히 2:3

히브리서 기자는 "우리가 이같이 큰 구원을 등한히 여기면 어찌 그 보응을 피하리요"라고 말합니다. 여기서 그는 '구원'을 '큰 구원', '위대한 구원'이라고 했습니다. 우리가 하나님의 자녀가 되고, 하나님과 더불어 영원을 살게 되며, 그분의 영광스러운 임재 가운데 거할 수 있게 되는 '구원'은 사람의 말로는 표현할 수 없는 위대한 구원이기 때문입니다. 우리가 이 땅에 살면서 경험하게 되는 어떠한 사건과도 비교할 수 없는 위대한 것입니다. 그러므로 이 구원을 등한히 여기고 거절하면 하나님의 심판을, 보응을 피할 수 없을 것입니다.

존 버니언이 《천로역정》에서 제기하는 중요한 교리적 화두

도 바로 구원론이라고 할 수 있습니다. 신학교에서 구원론을 가르치는 학문을 가리켜서 조직신학이라고 합니다. 신학생들이 따분하게 생각하는 과목 중 하나인데, 구원론을 교리적으로만 접근한다면 그럴 수도 있습니다. 그런데 존 버니언은 메마른 담론으로 교리를 풀어나가는 것이 아니라 흥미진진한 이야기, 내러티브로 구원의 영성을 보여줍니다.

《천로역정》의 주인공이 가족과 고향을 버리고 떠나는 초반부 이야기에서 도피주의적 영성이라는 비난을 종종 받아온 것도 사실입니다. 그러나 그것은 2부를 고려하지 않은 비판이라고 할 수 있습니다. 1부에서 개인 구원의 영성을 강조한 그는 2부에서 가족 구원의 영성을 강조하고 있기 때문입니다.

여기서는 책의 흐름을 따라 1부에서 다룬 개인 구원의 영성을 먼저 살펴보고자 합니다.

신앙의 길로 인도함 받다

책의 시작에서 누더기 옷을 입은 크리스천이 등에 무거운 짐을 진 채로 책 한 권을 들고 등장합니다. 그는 이 책을 읽다가 마음에 찔림을 받습니다. 그리고 부르짖기 시작합니다.

"우리가 어찌할꼬? 내가 어찌할꼬?"

이 부르짖음은 사도행전 2장에서 오순절 성령이 임하실 때 사람들이 부르짖었던 것과 똑같은 부르짖음입니다. 그들은 성령의 역사하심으로 자기 죄가 드러나기 시작하자 자신의 죄를 어떻게 해야 하는지, 이 죄를 가지고 어떻게 하나님 앞에 설 것인지의 문제 때문에 "이 죄를 어찌할꼬?"라고 부르짖었습니다.

존 버니언은 《천로역정》 외에도 여러 권을 썼는데, 그중에 일기 형식으로 쓴 책이 있습니다. 거기에는 그가 거의 2년간 죄책감으로 고민하며 드렸던 기도가 기록되어 있습니다.

"하나님, 저는 구원의 문제, 죄의 문제를 해결하기 전에는 죽을 수도 없습니다. 속히 이 죄에서 저를 벗어나게 해주십시오. 이것을 해결하기 전에는 제가 죽지 않게 해주십시오."

그가 얼마나 절박하게 죄책감과 싸우면서 구원을 찾았는가를 볼 수 있는 대목입니다. 대개 심리학자들은 "지나친 죄책감은 건강에 나쁘다"라고 말합니다. 그러나 자기도 심리학자이지만 죄책감을 전혀 다른 측면에서 바라본 기독교 심리학자가 있습니다. 폴 트루니에라는 사람인데, 그는 두 가지의 죄책감이 있다고 말합니다.

먼저 진정한 죄책감, 건강한 죄책감, 좋은 죄책감이 있습니다. 사람이 구원을 경험하기 위해 죄 때문에 고민하는 것은 좋은 것이지 나쁜 것이 아닙니다. 그러나 구원과 상관없이 단

순히 자존심 때문에 괴로워하고 부끄러워하는 것은 잘못된
죄책감이라는 것입니다.

저는 크리스천이 경험한 죄책감이 건강한 죄책감이라고 생
각합니다. 바울도 하나님의 뜻대로 하는 근심이 있으며, 어떤
근심은 우리를 절망에 이르게 하지만 어떤 근심은 우리를 구
원에 이르게 한다고 했습니다.

크리스천은 가족에게도 이해받지 못한 채로 구도를 계속하
다가 전도자의 도움을 얻어 밝은 빛이 보이는 좁은 문을 향해
떠납니다. 지금까지 그가 살아왔던 멸망의 도시를 뒤로 하고
떠납니다.

좁은 문으로 들어가라 멸망으로 인도하는 문은 크고 그 길이 넓어
그리로 들어가는 자가 많고 생명으로 인도하는 문은 좁고 길이 협
착하여 찾는 자가 적음이라 마 7:13,14

C. S. 루이스는 이런 글을 남겼습니다.

"우리 시대 최대의 문제는 진지한 구도자가 없다는 것이
다."

우리는 왜 구원의 감격을 상실하게 되었을까요? 진지한 구
도 끝에 주님을 발견하는 기쁨은 놀라운 기쁨입니다. 그런데

'내가 교회 나왔으니 예수님을 믿는 거지'라고 쉽게 간주해버리니 구원의 감격이 그만큼 없는 것입니다.

존 버니언은 바로 자신이 멸망의 도시를 떠나서 십자가 앞에 설 때까지 일련의 과정을 거쳤다고 했습니다. 그리고 드디어 십자가 앞에 섰을 때, 그의 감격은 얼마나 대단했을까요. 그는 그 생명을 향해, 구원을 향해 떠난 것입니다. 영원한 생명을 갈구하면서 길을 떠난 것입니다. 그런데 그가 구원을 모색하는 구도자의 걸음을 시작하는 과정에 결정적 도움을 준 사람이 전도자였습니다.

돌이켜 보면 우리에게도 신앙을 갖는 과정에서 도움을 준 전도자들이 있을 것입니다. 그분은 목회자일 수도 있고, 친구일 수도 있고, 먼저 믿은 신앙의 선배일 수도 있습니다. 그들이 우리에게는 다 전도자인 셈입니다.

저는 진리를 구도하던 초기 신앙 탐색의 단계에 가족이나 친구, 이웃들과 갈등이 있었습니다. 순례자 크리스천의 경우에도 가족이 말렸습니다. 그래서 가족과 갈등을 겪고 결국엔 혼자 떠날 수밖에 없었습니다. 성경에도 "사람의 원수가 자기 집안 식구리라"(마 10:36)라는 말이 있는데, 저는 그것이 영원히 원수가 아니라 초기 신앙의 갈등 과정에서 마치 가족이 원수처럼 작용할 수도 있다는 것을 말한다고 생각합니다.

다른 복음은 없다

크리스천은 좁은 문을 향하는 과정에서 세속현자를 만나 도덕촌을 소개 받고 복음의 길 대신 율법의 길을 안내 받으면서 혼란을 경험하게 됩니다. 신앙의 초기에는 혼란이 오게 됩니다. 무엇이 옳은 것인지, 예수님을 믿으면 천국 가는 줄 알았는데 도덕적인 계명을 지키지 않으면 갈 수 없다고 하니 혼란을 경험하게 되는 것입니다. 그것이 바로 갈라디아 교회의 교우들이 경험했던 혼란입니다.

갈라디아 교우들은 바른 복음을 받았는데 율법주의자들이 교회 안에 들어와서 "믿음만 가지고는 안 된다. 할례를 받아야 하고, 율법을 지키지 않으면 너희들의 믿음은 불완전한 것이다"라며 굉장한 혼란을 초래합니다. 바울이 그런 갈라디아 교우들을 향해 "다른 복음이란 것은 없다. 복음은 하나다. 그리고 성령으로 시작했으면서 어떻게 육체로 마치려 하느냐?"(갈 1:7 참조)라며 단호하게 꾸중합니다.

구원받은 사람들이 성령의 도우심을 통해 율법을 따라 사는 것은 당연하지만 율법을 지켜야만 구원이 임하는 것처럼, 그래서 예수님 믿는 믿음만 가지고는 부족한 것처럼 가르쳐 혼란을 주는 것이 일명 '갈라디아주의'입니다. 바울은 이 문제를 놓고 갈라디아 교우들이 복음만 붙들고 살기를 권면하는 편지를 썼습니다. 그 편지가 바로 갈라디아서입니다.

마귀는 우리가 복음의 길을 떠나 율법의 길로 가도록 유도합니다. 비록 율법의 길이 아무리 보편적 타당성을 보이는 길이라 할지라도, 그것은 구원에 관한 한 멸망의 길임을 바울에 이어 존 버니언도 동일하게 가르치고 있습니다. 그것이 바로 세속현자의 이야기입니다.

세속현자가 안내한 도덕촌이 있는 언덕, 크리스천에게 죽음을 느끼게 한 그 산은 바로 율법이 계시된 시내산을 상징합니다. 모세가 율법을 받을 때의 광경을 묘사한 것을 보면 "셋째 날 아침에 우레와 번개와 빽빽한 구름이 산 위에 있고 나팔 소리가 매우 크게 들리니 진중에 있는 모든 백성이 다 떨더라"(출 19:16)라고 했습니다. 두려움에 사로잡힌 것입니다. 율법이 선포되자마자 백성에게 공포가 임했습니다. 그리고 감히 하나님께 접근하지 못할 경계선이 생기고 만 것입니다. 그래서 율법은 구원하는 것이 아니라 오히려 하나님 앞에서 우리를 두렵게 하고 하나님과 우리 사이를 갈라놓는 역할을 했던 것을 알 수 있습니다.

그런데 다시 나타난 전도자의 도움으로 크리스천은 율법 앞에 절망할 수밖에 없는 죄인의 실존을 깨닫습니다. 그리고 다시 십자가로 돌아갑니다.

다른 복음은 없나니 다만 어떤 사람들이 너희를 교란하여 그리스도의 복음을 변하게 하려 함이라 **갈 1:7**

바울은 말합니다.

"다른 복음은 없다!"

그의 말처럼 복음은 하나입니다. 그 밖의 다른 복음이란 것은 존재하지 않습니다. 다른 복음이라고 말하는 것, 그것은 다 그리스도의 복음을 변하게 하는 것뿐입니다. 바울은 계속해서 말합니다.

사람이 의롭게 되는 것은 율법의 행위로 말미암음이 아니요 오직 예수 그리스도를 믿음으로 말미암는 줄 알므로 우리도 그리스도 예수를 믿나니 이는 우리가 율법의 행위로써가 아니고 그리스도를 믿음으로써 의롭다 함을 얻으려 함이라 율법의 행위로써는 의롭다 함을 얻을 육체가 없느니라 **갈 2:16**

행동이 필요한 것이고 좋은 것이지만 구원에 있어 행동은 해답이 아닙니다. 우리가 행동으로 구원받을 수 있다면 예수님이 오실 필요가 없었습니다. 우리의 어떤 행동도 우리를 구원하기에는 여전히 부족하고 불가능하기에 하나님께서 구원자로 예수님을 보내주신 것입니다. 이것이 복음입니다.

이 구절은 제 인생을 변화시킨 구절이기도 합니다. 저도 처음엔 교회에 나와서 고민을 많이 했습니다.

'교회가 도덕과 다른 게 뭔가? 교회 나가서 착한 사람이 되고, 천국이 있으면 가고 없으면 할 수 없는 거다.'

제가 생각한 기독교는 이것이 전부였습니다. 그런데 어느 날 제가 이 구절 앞에 부딪치게 되었습니다.

"내가 하나님의 은혜를 폐하지 아니하노니 의롭게 되는 것이 율법으로…."

율법은 '하라' 또는 '하지 말라' 입니다. 하나님이 하라는 것은 하고 하나님이 하지 말라는 것은 안 하는 것입니다. 그렇게 해서 의롭게 될 수 있다면 예수님은 헛되이 죽으신 것이고, 오실 필요도 없으셨습니다. 율법의 행위가 나빠서가 아니라 율법을 지키려는 우리의 행위에 항상 한계가 있기 때문입니다. 내가 나를 구할 수 없었기 때문에, 내 어떠한 도덕적인 결단도 나를 구하기에는 여전히 모자랐기 때문에 하나님이 예수님을 보내주셨습니다. 이것이 복음의 핵심입니다.

우리가 그 예수님을 믿고 그로 인해 구원받는 것은 성령의 역사로 가능해집니다. 그런데 그것을 떠나 율법을 지켜서 구원받는 것으로 착각하는 것은 바로 율법을 지키려는 인간적 노력, 육신의 노력일 뿐입니다.

무릇 율법 행위에 속한 자들은 저주 아래에 있나니 기록된바 누구든지 율법 책에 기록된 대로 모든 일을 항상 행하지 아니하는 자는 저주 아래에 있는 자라 하였음이라 갈 3:10

"나는 율법을 다 지킵니다."

굉장히 고상한 고백 같지만, 바울은 율법 행위에 속한 자들은 저주 아래에 있다고 했습니다. 율법 책에 기록된 모든 것을 행하지 않으면 저주 아래 있게 되기 때문입니다. 그러니 자기의 구원 근거로 율법을 의지한다면 그 순간 그 사람은 율법의 원리 속에 들어가게 됩니다. 율법은 우리에게 모든 것을 지키기를 요구합니다. 내가 100개의 율법 중에 99개를 지키고 1개를 못 지켰다 해도 율법에 의해서는 구원을 받지 못하게 되는 것입니다.

어떤 사람이 사람을 죽이고 이런 변론을 했다고 합시다.

"나는 간음하지 않았습니다. 나는 거짓말하지 않았습니다. 나는 부모를 버리지도 않았습니다. 나는 오직 한 가지, 살인만 했을 따름입니다. 그러므로 나는 무죄입니다."

말이 됩니까, 안 됩니까? 한 가지 죄로 그는 충분히 죄인입니다. 이 구절에는 '항상', '모든 일'이 나오는데, 이처럼 율법은 속성상 모든 것을, 완벽하게, 항상 지킬 것을 요구합니다. 그러니까 율법을 지킴으로 구원받을 수 있는 희망은 전혀 없습니다. 그래서 율법의 길이 아닌 복음이신 예수 그리스도가 오신 것입니다.

또 하나님 앞에서 아무도 율법으로 말미암아 의롭게 되지 못할 것이 분명하니 이는 의인은 믿음으로 살리라 하였음이라 갈 3:11

오직 예수, 오직 믿음으로 말미암아 우리는 구원을 얻습니다. 믿음으로만 의롭다함을 받습니다. 오직 믿음(Sola Fide)! 이것이 종교개혁에서 가장 중요한 복음의 재발견이었습니다.

신앙의 길에서 우리를 붙드시는 분

좁은 문을 통과한 크리스천은 선의의 도움으로 해석자의 집에 도달합니다. 거기서 그는 참 목자상의 그림을 보게 되니다. 그의 눈은 하늘을 향해 있고, 그의 손에는 최고의 책이 들려져 있고, 입술에는 진리의 법칙이 기록되어 있었습니다. 참된 목자는 자신의 말을 전하는 사람이 아니라 하나님의 말씀, 성경을 증거하는 사람입니다.

해석자의 집에서 크리스천은 다시 거실로 안내를 받습니다. 거기서 율법과 복음의 차이를 다시 한 번 해설 받습니다. 하인이 먼지 쌓인 거실을 빗자루로 씁니다. 그러자 청소가 되는 것이 아니라 먼지가 뿌옇게 일어나기만 했습니다. 그런데 해석자 옆에 있던 처녀가 물을 뿌리니까 먼지가 가라앉으며 거실이 청소되었습니다. 여기서 하인은 율법을 상징하고, 물을 뿌리는 처녀는 복음을 상징합니다. 율법은 온전한 해결법이 아니라는 의미입니다.

다음에 들어간 작은 방에서 크리스천은 정욕과 인내라는 두 아이를 만납니다. 정욕은 지금 당장 모든 것을 자기 손에 넣으려고 합니다. 인내는 기다릴 줄 압니다. 구원은 인내로만 영광스럽게 완성될 것을 암시하는 교훈입니다. 개혁자들은 이 구원의 교리를 가리켜서 '성도의 견인'이라고 했습니다. 즉 한 번 구원받은 사람들은 긴 인내의 과정을 통해 결국 구원의 완성에 이른다는 것입니다.

일부 복음주의권에서는 '견인'(堅忍, Perseverance)이라는 말

대신에 'eternal security'(영원한 안전)라고 하기도 합니다. 그리스도 안에서 구원받은 사람들은 영원히 안전하다는 것입니다. '안전하다'는 말이 우리의 노력이 필요 없다는 것을 의미하지는 않습니다. 구원받은 사람에게도 여전히 자기를 지키는 과정이 필요합니다. 그것은 주님이 도와주십니다. 내 노력으로가 아니라 주님의 도우심을 통해서 마침내 구원을 완성하는 자리에 도달하게 되는 것입니다.

크리스천은 해석자의 집에서 벽난로가 있는 네 번째 방에 들어가게 됩니다. 거기에서 불을 끄기 위해 물을 붓는 자와 난로 뒤에서 기름을 붓고 있는 두 사람을 발견합니다. 불을 끄려는 자는 마귀이고, 기름을 붓고 있는 이는 그리스도이십니다. 이는 궁극적으로 그리스도 덕분에 구원의 은혜가 우리 안에서 보존되고 유지된다는 사실을 가르치기 위한 비유라고 생각합니다.

좁은 문을 통과해 다다른 십자가

마침내 좁은 문을 통과한 크리스천은 구원의 경험을 위해 가장 중요한 십자가 앞에 도달합니다. 결정적으로 우리가 구원의 확신을 갖게 된 것은 십자가 앞에서 일어난 사건입니다. 그는 거기서 빛나는 세 천사를 만나는데, 세 천사는 우리에게 주어진 구원을 상징합니다. 첫 번째 천사는 죄 사함을 선언합니다. 두 번째 천사는 그동안 입었던 누더기 옷을 벗기고 새 옷을 입혀 주어 의롭다 함을 받게 합니다. 세 번째 천사는 이마에 인을 쳐주고 두루마리를 건네줍니다. 이는 구원의 역사를 이루어가시는 성부와 성자와 성령의 사역입니다.

마가복음에 보면 예수님이 중풍병자를 고치신 이야기가 나옵니다. 거기서 예수님은 중풍병자의 병을 고치시기 전에 죄 사함을 선포하십니다.

> 예수께서 그들의 믿음을 보시고 중풍병자에게 이르시되 작은 자야 네 죄 사함을 받았느니라 하시니 막 2:5

그것이 더 중요했기 때문입니다. 예수님에게는 육체의 치유보다 영혼의 구원이 더 중요했습니다. 이 구원의 문제를 해결하기 위해 예수님은 "네 죄 사함을 받았느니라"라고 먼저 선언하셨습니다.

그런데 이 구절의 앞뒤 이야기를 보면 거기 있던 바리새인들이 그 선언을 듣고 "이 사람이 어찌 이렇게 말하는가 신성모독이로다 오직 하나님 한 분 외에는 누가 능히 죄를 사하겠느냐?"라고 말합니다. 그들의 말이 틀린 것은 아니지만, 그들은 예수님이 하나님이시란 사실을 몰랐습니다. 즉 예수님의 죄 사함의 선언은 하나님으로서의 선언이셨던 것입니다. 우리는 예수님의 보혈로 죄 사함을 받았습니다. 이는 우리에게 일어난 가장 놀라운 사건입니다(엡 1:7).

스가랴서에 보면 우리에게 일어난 이 놀라운 사건을 보여주는 하나의 상징적인 모델이 등장합니다.

> 여호와께서 자기 앞에 선 자들에게 명령하사 그 더러운 옷을 벗기라 하시고 또 여호수아에게 이르시되 내가 네 죄악을 제거하여 버렸으니 네게 아름다운 옷을 입히리라 하시기로 슥 3:4

예수님을 믿는 순간, 우리가 십자가 앞에서 우리의 죄를 위해 죽으시고 부활하신 예수 그리스도를 구주로, 주님으로 고백하는 그 순간 우리에게 일어나는 가장 놀라운 사건은 하나님이 우리를 의롭다고 해주시는 것입니다. 의롭다는 말은 '한 번도 죄를 범하지 않은 사람처럼 우리를 봐주신다'라는 의미입니다. 우리의 더러운 옷을 벗기시고 아름다운 새 옷을 입혀주시는 것, 이것이 바로 '칭의'의 사건입니다. 우리는 의롭다 함을 받고 새 사람이 됩니다. 새 옷을 입고 새 사람이 되는 것입니다.

존 버니언은 성경이 누누이 강조하는 위대한 세 가지 사건을 십자가 앞에 세 천사를 등장시킴으로 놀랍게 엮어냈습니다. 죄 사함의 선언, 의롭다 함의 축복, 그리고 성령의 인 치심. 이것이 십자가 앞에서 다 해결되었습니다.

가족 구원의 시작

앞에서도 말했듯이 존 버니언은 《천로역정》 제2부에서 가족 구원을 다룹니다. 처음에 복음을 이해하지 못한 가족과 함께할 수 없던 크리스천은 결단하고 홀로 자기 고향을 떠날 수밖에 없었습니다. 하지만 그가 시온성 생명강가에 도착했다는 소식을 들은 그의 아내와 아들들이 남편과 아버지를 따라 그 길을 떠나게 됩니다. 그 순간 그녀의 이름은 크리스티아나가 됩니다. 크리스티아나는 남편에게 역사했던 동일한 성령의 사역을 경험하며 이런 기도를 합니다.

"하나님이여, 불쌍히 여기소서. 나는 죄인이로소이다."

이렇게 그녀도 죄 문제에 대한 진지한 고민과 함께 구원을 찾아 나섭니다. 그리고 마침내 남편이 걸어간 순례길을 따라가며 역시 유사한 고난과 인내의 역정 끝에 천성에 도달하게 됩니다. 이로써 "주 예수를 믿으라 그리하면 너와 네 집이 구원을 받으리라"(행 16:31)라는 약속의 실현을 경험하게 된 것입니다.

전도를 해보면 많은 사람들이 이런 반응을 보입니다.

"내 남편, 내 아내, 우리 부모님이 아직 안 믿는데 어떻게 저 혼자 천국에 갑니까?"

존 버니언은 이런 사람들에게 외칩니다.

"가족이 구원받기 원하면 당신부터 구원받으십시오. 당신이 먼저 떠나야 다른 사람들이 따라옵니다."

"가족이 다 믿은 다음에 믿겠습니다. 나는 가족과 지옥에 가도 같이 가고 천국에 가도 같이 가겠습니다"라는 말은 굉장히 인간적인 발언 같지만, 그렇게 기다리면 구원의 기회는 오지 않습니다. 누군가가 먼저 시작해야 합니다. 누군가가 먼저 예수님을 붙잡으면 갈등도 있겠지만 결국은 가족도 그의 결단이 옳았음을 알게 될 것입니다. 누군가가 먼저 결단하는 것, 그것이 구원의 시작입니다.

복음을 전하는 믿음

노아가 방주를 준비하게 된 계기는 바로 '보이지 않는 일에 경고'를 받았기 때문입니다. "앞으로 홍수 심판이 올 터이니 방주를 준비하라"라는 하나님의 경고의 말씀을 들은 겁니다. 그는 그 말씀을 믿었습니다.

히브리서에서 '믿음으로 노아는'이라고 한 것은 노아가 하나님의 경고의 말씀을 믿은 것을 의미합니다. 믿음의 기초와 근거는 하나님의 말씀입니다(롬 10:17). 우리 믿음의 출발은 하나님의 말씀을 믿는 것에서 시작합니다.

노아는 가족을 구원하기 위해 방주를 준비했습니다. 자기 혼자 들어가려고 준비한 것이 아니라 자기 가족과 이 복음을 받아들인 모든 사람을 위해 준비했습니다. 방주를 짓는 것이 바로 행동입니다.

우리가 믿음으로만 구원받고 행함으로 구원받지 못한다는 것은 행함이 필요 없다는 것이 아닙니다. 믿음이 먼저라는 뜻입니다. 노아가 믿었기 때문에 방주를 짓는 행동을 했던 것입니다. 믿음이 행동을 낳습니다. 믿음의 열매가 행함이고, 믿음의 결과가 행함입니다. 행함으로 구원받는 것이 아니라 믿음으로만 구원을 받지만, 정말 믿음으로 구원을 받으면 행함도 자연스럽게 따라오게 됩니다.

노아의 믿음은 방주를 준비하여 그 집을 구원하게 했습니다. 만일 노아가 목회자였다면, 어쩌면 굉장히 실패한 목회자일지 모르겠습니다. 목회를 하려고 방주를 지었는데 이 방주에 들어온 교인이 자신을 포함해 8명뿐이니 말입니다. 그러나 노아가 8명만 들어왔다고 후회했을까요? 아닙니다. 그 8명은 자신의 가족이었기에 가족이라도 구원받을 수 있어서 감사했을 것입니다. 적어도 그의 믿음은 가족을 구원하는 보상으로 나타날 수 있었습니다. 홍수의 심판이 빗발칠 때 방주 안에 들어와 있던 가족과 함께 얼마나 목이 메도록 하나님의 은혜를 찬양했을까요.

그렇다고 노아가 자기 가족을 위해서만 방주를 만든 것은 아닙니다. 베드로후서 2장 5절에는 '오직 의를 전파하는 노아'라는 표현이 나옵니다. 노아는 방주를 지으면서 전도했던 것입니다.

"방주로 들어오시면 구원을 받습니다. 당신들은 심판의 대상이 아닙니다. 여기 하나님의 구원 계획이 있습니다. 여기 방주로 들어오시면 됩니다."

이렇게 노아는 복음을 전하는 책임을 다했습니다. 그랬기에 결과에 대해서 연연할 필요는 없다고 생각합니다. 결과는 하나님께 달린 것입니다.

가족이나 친족들 가운데 구원받지 못한 사람들을 떠올려 보십시오. 혹시라도 하나님이 내 마음에 어떤 부담을 주시는 사람이 있다면, 그들을 위해 무엇을 해야 한다고 생각하십니까? 노아는 적어도 그들을 위한 책임을 다하기 위해 방주를 짓고 전파했습니다. 주위 사람들에게 의를 전해야 할 책임이 우리에게도 주어져 있음을 꼭 기억하시길 바랍니다.

결단이 길을 연다

양구에 '인문학박물관'이라는 곳이 있습니다. 그곳에는 한국의 철학자를 대표하는 김형석 교수와 안병욱 교수의 기념관이 있습니다. 안병욱 교수의 아들이자 한림대학교 교수인 안동규 교수가 이런 간증을 들려주셨습니다.

김형석 교수는 진정한 크리스천이었지만, 안병욱 교수는 교회에 출석하면서도 예수님에 대한 개인적인 신앙고백은 가지지 못했었다고 합니다. 아들인 안동규 교수는 자기 아버지가 확실하게 예수님을 고백하길 계속해서 기도하고 있었지만, 안병욱 교수가 워낙 유명한 철학자이다 보니 누군가가 아버지에게 전도하기가 쉽지 않았습니다.

그렇게 기도하던 중 복음주의 신학자인 존 스토트가 방한하는 일이 있었습니다. 그를 섬기게 된 안동규 교수는 아버지를 전도할 기회를 갖고자 했습니다. 마침 존 스토트가 집회를 마치고 며칠 동안 새를 관찰하고 싶다는 요청을 해왔습니다. 안동규 교수는 이때를 기회로 잡아 존 스토트에게 아버지 이야기를 하며 아버지에게 복음을 전해달라고 부탁했습니다. 존 스토트는 흔쾌히 승낙했고, 여행 후 안병욱 교수를 찾아가 복음을 전했습니다. 안병욱 교수는 그때 굉장히 많은 감동을 받았고, 신앙에 대한 태도가 달라졌다고 합니다. 기도는 변화를 가져옵니다.

서정주 시인의 회심 이야기도 놀랍습니다. 원래 서정주 시인은 불교를 대표하는 시인이었습니다. 그런데 서정주 시인의 자녀들은 크리스천이어서 윤형주 장로님과 잘 아는 사이였다고 합니다. 서정주 시인이 LA에 있는 자녀들 집에 방문했을 때, 하루는 자녀의 집에서 성경공부가 열렸습니다. 마침 무료하던 서정주 시인은 옆에서 성경공부하는 걸 보다가 전도를 받게 되었고, 예수님을 믿게 되었습니다. 그리고 신앙을 고백했습니다.

그런데 서정주 시인이 돌아가시자 난리가 났습니다. 그가 생전에 불교재단 회장이었기 때문에 동국대학교에서 장례식을 치르기로 했는데 상황이 난처해진 것입니다. 할 수 없이 동국대학교에서 장례식을 치르기 전에 성도들이 먼저 가서 기독교식으로 장례를 치렀습니다.

기도하는 사람들에게는 기회가 옵니다. 윤형주 장로님이 그 가족을 위해 기도했는데 결정적으로 자녀들을 통해 기회를 주셨던 것입니다.

주 예수를 믿으라 그리하면 너와 네 집이 구원을 받으리라 행 16:31

누군가가 먼저 결단할 때, 그것이 가족 구원의 놀라운 길을 연다는 사실을 기억했으면 좋겠습니다.

순례자의 묵상

· 나는 좁은 문을 통과했는지 점검하며 신앙의 시작을 돌아보십시오.

· 내 신앙의 길에서 참된 복음을 가르쳐준 목자들을 기억하며 그들을 예비하신 주께 감사하는 시간을 가지십시오.

· 지금 내 결단을 필요로 하는 사람이 있습니까? 그를 위해 기도하는 시간을 가지십시오.

CHAPTER 4

성화의 영성

그러므로 나의 사랑하는 자들아 너희가 나 있을 때뿐 아니라
더욱 지금 나 없을 때에도 항상 복종하여 두렵고 떨림으로 너희 구원을 이루라
빌 2:12

'구원의 영성'과 함께 존 버니언의 《천로역정》이 드러내는 대
표적인 또 하나의 영성이 있다면 '성화의 영성'이라고 생각합
니다. 구원은 우리가 예수 그리스도를 구주로 만나는 경험을
통해 시작되지만, 그 이후 우리가 주님 앞에 설 때까지 평생의
과정은 성화라고 할 수 있습니다.

'구원을 이루라'라는 말은 영어 성경에 'work out'이라고 되
어 있습니다. 'work out'은 운동할 때 사용하는 말로, 땀 흘
리는 노력을 전제로 합니다. 그러니까 우리가 예수님을 믿는
순간 구원 속에 들어가고 하나님 자녀가 되지만, 그 구원은
땀 흘리며 이루어가야 한다는 것입니다. 이렇게 하나님 앞에

설 때까지 구원을 완성해나가는 과정, 그것을 신학자들은 '성화'(聖化, Sanctification)라고 부릅니다.

바울은 고린도 성도들에게 이렇게 권면했습니다.

> 그런즉 사랑하는 자들아 이 약속을 가진 우리는 하나님을 두려워하는 가운데서 거룩함을 온전히 이루어 육과 영의 온갖 더러운 것에서 자신을 깨끗하게 하자 고후 7:1

이는 성화에 대한 촉구라고 할 수 있습니다. 우리가 순례의 길에서 예수 그리스도를 만나 그분을 구주와 주님으로 영접하고 구원받는 일은 다른 어떤 경험과 비교할 수 없는 가장 위대한 사건입니다. 그러나 그것은 시작일 뿐입니다. 구원의 완성을 위한 길은 평생에 걸쳐 걸어야 하는 길입니다. 문자 그대로 구원의 완성을 향한 길은 '순례자의 여정'(Pilgrim's Progress)입니다.

구원의 3시제

흔히 신학자들은 구원을 세 단계로 나누어서 설명합니다. 이것이 구원의 3시제입니다. 복음주의 신학이 일반적으로 정의하는 구원의 3시제를 먼저 기억해두면 성화가 어떤 의미를 갖는가를 더 잘 이해할 수 있습니다. 천사가 요셉과 마리아에게 예수님의 출생을 전할 때 "아들을 낳으리니 이름을 예수라 하라 이는 그가 자기 백성을 그들의 죄에서 구원할 자이심이라"(마 1:21)라고 했습니다. 이렇듯 구원이라는 단어는 항상 죄와 관련 있습니다. 죄로부터 구원받는 것이기 때문입니다. 그런데 조금 더 들어가 보면, 죄의 3가지 개념으로부터 구원받은 것입니다. 죄의 3가지 개념이 무엇일까요?

첫째로, 우리는 죄의 형벌(penalty)에서 구원받았습니다. 이것은 예수 믿는 순간 이미 이루어짐으로 과거가 되어 버립니다. 예수님을 믿으면 형벌을 받지 않고 지옥에 가지 않습니다. 그리스도 안에 있는 자에게는 결코 정죄함이 없습니다(롬 8:1). 우리는 믿는 순간 하나님의 자녀가 됩니다. 자녀도 잘못하면 징계를 받지만 정죄는 없습니다. 그래서 우리는 믿는 순간 죄의 형벌로부터 완전히 구원을 받은 것입니다. 이것을 가리켜서 교리적인 개념으로 '칭의'(Justification)라고 말합니다. 의롭다 칭함을 받고, 의인이 되고, 하나님의 백성이 되는 것입니다. 이것은 구원의 과거시제입니다.

둘째로, 우리는 죄의 형벌에서는 이미 구원을 받았지만 죄의 세력(power)에서는 구원받고 있습니다. 형벌은 과거입니다. 그러나 죄의 세력에서는 현재 구원을 받고 있는 것입니다.

교리적으로는 이것을 '성화'(Santification)라고 합니다. 이는 구원의 현재시제입니다.

셋째로, 우리가 죄의 존재(presence)로부터 구원되는 것은 미래의 일입니다. 도대체 우리는 언제 죄라는 존재 자체와 상관이 없어질 정도로 죄를 짓지 않는 존재가 될까요? 우리가 이 땅에 사는 동안에는 가능하지 않은 일입니다. 우리가 부활의 새 몸을 입고, 연약한 몸이 강한 몸을 입고, 썩을 것이 썩지 아니할 몸을 입고, 죄와 상관없이 살아가는 존재가 될 때는 예수님이 다시 오실 때, 즉 예수님이 재림하시고 우리가 주님을 만나게 될 때 이루어질 사건입니다. 이것은 죄의 존재 그 자체로부터의 구원입니다. 완전히 구원받게 되는 것은 미래에 이루어지는 일이며, 그것을 '영화'(Glorification)라고 합니다.

어떤 신학자는 이 세 개의 시제를 성화의 개념으로 다시 설명하여 칭의를 '과거적 성화', 성화를 '현재적 성화', 영화를 '미래적 성화'라고 부르기도 합니다.

사실 성경에 보면 "이미 거룩함을 받았다"라며 과거시제로 되어 있습니다. 즉 예수님을 믿는 순간 우리는 성도(聖徒, Saint)가 됩니다. 만일 누군가 우리에게 "성도입니까?"라고 물어보면 "예"라고 곧 대답하겠지만, "성자입니까?"라고 묻는다면 머뭇거리게 될 것입니다. 그렇지만 영어로 보아도 '성도'는

'Saint', 곧 '성자'입니다.

　이는 우리가 도덕적으로 성자의 수준에 와 있다는 말이 아니라 예수님을 믿는 순간 죄 사함을 받고 하나님의 의가 입혀짐으로 하나님이 우리를 마치 죄를 한 번도 안 지은 사람처럼 봐주신다는 것입니다. 우리는 이미 거룩함을 입었습니다. 이것은 과거적 성화입니다. 그러나 현재적 성화, 경험적 성화는 지금 우리가 경험하고 있는 것입니다. 거룩해지고 있는 것입니다. 그리고 완전히 거룩해지는 것은 미래적 성화입니다. 이러한 성화의 여정이 완성되는 때가 바로 천성에 들어가는 순간이며, 이 영화로운 순간을 가르치는 교리가 바로 영화의 교리입니다.

시험을 안겨주는 사람들

　성화의 길을 걷기 위해서는 먼저 사람의 시험을 극복해야 합니다. 사람은 우리에게 주신 복이지만, 동시에 부담이기도 합니다. 나에게 삶의 보람을 주는 것도 사람이고, 나에게 시험을 주는 것도 사람입니다. 사람은 서로에게 기쁨이면서 슬픔입니다. 《천로역정》의 크리스천도 순례의 길에서 여러 사람들을 만납니다. 그중에서 그로 구원의 길에서 벗어나게 했던 미혹의 대상들을 살펴보며 교훈을 얻고자 합니다.

1. 십자가 언덕 아래서 잠든 사람들

순례자 크리스천은 십자가를 통과하자마자 시험을 주는 사람들을 만납니다. 십자가 언덕길 바로 아래 세 사람이 잠들어 있었습니다. 십자가 앞에서 죄 사함을 받고 새 옷을 입고 성령의 인침을 받아 너무 기뻐하고 있는데, 이 사람들은 쇠고랑을 차고 잠들어 있습니다. 크리스천은 그들을 깨웁니다.

"여기서 잠들면 위험합니다. 걸어야 합니다. 길을 떠나야 합니다."

그럼에도 그들은 뭐가 위험하냐며 잠이나 더 자겠다고 합니다. 이 사람을 구원하려고 깨웠지만, 전혀 반응하지 않습니다. 이들은 단순(우매), 나태, 거만(방자)이었습니다.

우리가 살아가는 이 시대를 '3無의 시대'라고 합니다. 무관심(I don't care), 무감각, 무감동의 시대라는 말입니다. 이런 사람들을 보면 시험에 들게 됩니다. 이런 세대를 향해 성경은 말합니다.

근신하라 깨어라 너희 대적 마귀가 우는 사자같이 두루 다니며 삼킬 자를 찾나니 벧전 5:8

2. 담을 넘어온 사람들

우리는 담을 넘어온 사람을 만나기도 합니다. 바로 허례와 위선입니다. 허례는 종교적 의식에 충실하나 복음을 깨닫지 못한 사람이고, 위선은 의도적으로 스스로를 속이며 가면을 쓰고 살아가는 사람입니다. 성경은 경건의 모양은 있지만 경건의 능력을 부인하는 이런 자들에게서 돌아서라고 말합니다 (딤후 3:5).

경건의 모양을 갖추는 것이 중요한 것이 아닙니다. 거룩한 옷을 입는다고 거룩해지지는 않습니다. 복음을 경험하지 않고 종교생활만 하는 사람들이 있습니다. 이스라엘에 가면 아주 전통적인 유대인 가운데 까만 모자를 쓰고 까만 예복을 입고 길거리를 왔다 갔다 하는 사람들이 있는데, 이들을 종교인이라고 합니다. 하지만 그 옷을 입는다는 것이 그들을 거룩하게 만들지는 않습니다.

허례와 위선은 잠시 순례의 길에 머무는 듯했으나, 머지않아 허례는 위험의 길을, 위선은 멸망의 길을 선택하고 맙니다.

3. 역주행하는 사람들

그런가 하면 순례길을 역주행하는 사람들도 있습니다. 겁쟁이(소심)와 불신입니다. 이런 사람들은 아예 구도를 포기한 사람입니다. 우리가 이런 사람들을 경험하고 나면 '나 혼자 믿는 건 좋은데 전도는 하지 말자, 전도는 포기하자'라는 결론을 내릴 수도 있습니다. 겁쟁이와 불신은 모두 인생의 고난을 직면하지 못하고 두려움을 쉽게 피하려는 데서 오는 결과입니다. 그들의 길을 따라서는 안 됩니다.

구별되는 사람들

성화의 길에서 우리가 반드시 거쳐 지나가야 하는 곳이 있습니다. 바로 '허영의 시장'입니다. 허영의 시장에서 우리가 받아야 할 성화의 레슨들이 무엇일까요? 허영의 시장에서 팔리는 것들은 모두 헛되고 헛된 허영에서 비롯된 것들입니다.

존 버니언이 묘사한 허영의 시장에서 일 년 내내 팔리고 있는 것들은 좋은 집, 좋은 땅, 명예, 승진, 욕정, 금은보화, 진주, 보석들입니다. 또 이 시장에는 언제나 속이는 자들, 매춘부, 마술사, 사기꾼, 도박자, 불량배가 넘쳐나고 있었습니다.

순례자들이 이 시장을 통과하지 않고는 시온성으로 갈 수가 없었습니다. 그런데 순례자들이 이 시장에 들어서면서 그들은 시장 사람들의 주목을 받게 됩니다. 이들은 허영의 시장 사람들과 완전히 다르게 보였기 때문입니다.

옷이 달랐습니다. 말이 달랐습니다. 그리고 그들의 관심사가 달랐습니다. 우선, 옷이 다르다는 것은 생활방식이 다르다는 말입니다. 바울은 "너희는 유혹의 욕심을 따라 썩어져 가는 구습을 따르는 옛 사람을 벗어 버리고"(엡 4:22)라고 했습니다. 우리가 새 사람을 입었다면 삶의 모습이 다를 수밖에 없습니다. 다른 것이 정상입니다.

그럼에도 우리 스스로가 세상과 다르지 않으려고 애쓸 때가 있습니다. 다른 것이 매력인 줄도 모르고 말입니다. 소금이 맛을 잃어버리면 세상의 소금이 될 수 없고, 우리가 다 어두워지면 빛이 될 수 없습니다. 요즘 한국 교회가 세상을 향해 영향력을 상실한 이유도 바로 세상 사람들과 다를 것이 없기 때문입니다. 삶의 스타일도 똑같고, 똑같이 이기적이며 욕심을 부리기 때문입니다.

둘째, 말이 달라야 합니다. 에베소서 4장 22절 이후에 이어지는 바울의 말을 읽어보면, 새 사람을 입은 사람들의 현저한 변화 중 하나가 언어임을 알 수 있습니다.

그런즉 거짓을 버리고 각각 그 이웃과 더불어 참된 것을 말하라

엡 4:25

안 믿는 사람들에게는 거짓말이 당연하게 여겨지겠지만, 이

제 우리는 참된 말을 해야 합니다. 뿐만 아니라 "무릇 더러운 말은 너희 입 밖에도 내지 말고 오직 덕을 세우는 데 소용되는 대로 선한 말을 하여"(엡 4:29)라고 했습니다. 예수님을 믿으면 참말을 해야 하고 선한 말을 해야 합니다. 선한 말은 덕을 세우며, 이웃에게 유익을 끼칩니다.

셋째, 관심사가 달랐습니다. 허영의 시장에서 사람들이 사고자 하는 것에 순례자들은 눈길도 주지 않았습니다. 순례자들은 한 가지만 사고자 했습니다. 바로 진리입니다. 잠언에 보면 "진리를 사되 팔지는 말며 지혜와 훈계와 명철도 그리할지니라"(잠 23:23)라고 했습니다. 예수님은 당신이 진리라고 말씀하셨으며, 그 말씀도 진리입니다. 예수님과 말씀 이외에는 관심을 두어서는 안 됩니다. 우리가 세상 사람들과 마찬가지로 다른 것에 관심이 많다면 그들과 다를 것이 없게 됩니다. 옷이 다르고, 말이 다르고, 관심이 다른 사람이 되어야 합니다.

시장을 통과하면서 순례자 크리스천은 줄곧 이렇게 기도합니다. 우리에게도 이 기도가 필요합니다.

"내 눈을 돌이켜 허탄한 것을 보지 말게 하시고, 주의 길에서 나를 살아나게 하소서"(시 119:37).

크리스천 일행은 시장에서 박해를 받습니다. 그들이 자신들이 순례자이며 천성의 예루살렘을 향해서 가는 중이라고 고백했기 때문입니다. 그들은 자신의 신앙을 고백한 것입니다. 시장 사람들은 이 고백을 좋아하지 않았습니다. 세상 사람들도 좋아하지 않습니다. 그래도 우리는 이 고백을 포기하면 안 됩니다. 초대 그리스도인들 가운데 많은 순교자들이 '예수는 주'시라는 고백을 포기할 수 없었기 때문에 체포당했습니다. 가이사가 아니라 예수가 내 주님이라고 고백했기 때문에 체포당했고, 맹수의 먹이가 되었습니다.

하지만 그들은 자기를 재판장으로 끌고 가서 박해하는 자들을 계속 축복합니다. 그들을 온유하게 대합니다. "악을 악으로, 욕을 욕으로 갚지 말고 도리어 복을 빌라 이를 위하여 너희가 부르심을 받았으니 이는 복을 이어받게 하려 하심이라"(벧전 3:9)라고 하신 말씀처럼 말입니다.

결국 이 과정에서 크리스천의 친구였던 신실이 순교합니다. 우리의 신앙 선배들도 그렇게 박해받고 순교했습니다. "네가 죽도록 충성하라 그리하면 내가 생명의 면류관을 네게 주리라"(계 2:10) 하신 주님이 그들의 머리에 면류관을 씌워주셨을 것입니다.

신실이 떠났다고 해서 하나님은 크리스천을 혼자 보내지 않으셨습니다. 순례길의 새로운 친구로 '소망'을 보내주십니다. 소망은 신실이 순교하는 모습을 보고 감동을 받습니다.

'진리 때문에 저렇게 목숨일 걸다니! 그럼 정말 그 진리가 진짜 진리구나!'

누가 참된 것이 아닌 것에 내 목숨을 걸겠습니까? 소망은 거기서 감동을 받고 하나님의 사람이 되어 크리스천의 동반자가 됩니다.

다시 순례의 길을 가던 그들은 이번에는 '의심의 성'에 갇히게 됩니다. 사실은 너무 힘드니까 쉬운 길로 가려다가 의심의 성에서 '절망'의 포로가 되어 지하 감옥에 갇히게 된 것입니다. 이 성의 주인인 절망도 거인이었지만 그 아내는 더 잔인했습니다. 아내의 이름은 '무기력'입니다. 우리를 무기력하게 만드는 자들을 말합니다. 이는 신앙인들이 때로는 의심의 포로가 되고, 때로는 무기력함의 포로가 되는 모습을 상징합니다. 신앙의 사람들도 때로 의심할 때가 있고, 회의를 가질 때가 있으며, 무기력 속에 빠질 수 있습니다. 무기력은 순례자들에게 다가와서 "이제 여기서 빠져나갈 길이 없으니 차라리 자살을 선택하라"라고 종용합니다.

신앙의 길을 걷다가, 내가 걷는 신앙의 길 자체에 의심과 회의가 들 때 우리가 해야 할 일은 무엇일까요? 의심을 극복할 수 있는 길은 말씀을 붙잡는 것입니다. 의심이 되더라도 손에서 놓지 말고 포기하지 말아야 할 것이 약속의 말씀입니다.

결국 순례자들을 의심의 성에서 빠져나오게 한 것은 두 가지였습니다. 기도와 약속의 열쇠입니다. 곧 하나님의 말씀을 붙들었을 때 그 열쇠로 문을 열고 나올 수 있었습니다. 사실, 신앙인에게 기도와 말씀은 기본입니다. 아무리 힘들어도 우리가 결코 포기하지 말아야 할 것이 바로 기도하는 일, 말씀을 계속 묵상하고 붙드는 일입니다. 이것만 하고 있어도 우리는 일어날 수 있습니다.

마지막 시련들

마귀의 직접적인 공격들로 초래된 고난에 대해서는 다음에 다시 다루겠습니다. 여기서 중요한 점은 이 모든 고난 속에서도 진정한 순례자들은 순례를 포기하지 않았다는 것입니다.

끝까지 견디는 자는 구원을 얻으리라 마 24:13

이 말씀은 지금은 구원을 얻지 못한 것이라는 이야기가 아니라 구원의 완성이라는 측면에서 보면 아직도 구원은 미래라는 의미입니다. 마침내 우리는 '성도의 견인'(Perseverance of the Saints)을 이루어야 하는 것입니다. 복음주의자들의 다른 표현을 빌리면, 영원한 안전의 포구에 도달하게 될 것입니다.

만약 어떤 사람이 중간에서 포기한다면 그 사람이 정말 주님을 만난 사람인지 의심해봐야 합니다. 그 사람은 교회는 나왔지만 예수님을 만나지 못한 형식적이고 명목상의 교인에 불과할 수 있습니다.

> 이와 같이 성령도 우리의 연약함을 도우시나니 우리는 마땅히 기도할 바를 알지 못하나 오직 성령이 말할 수 없는 탄식으로 우리를 위하여 친히 간구하시느니라 마음을 살피시는 이가 성령의 생각을 아시나니 이는 성령이 하나님의 뜻대로 성도를 위하여 간구하심이니라 롬 8:26,27

이 구절은 시련의 과정에서 성도의 삶에 개입하시는 성령의 역사를 가장 잘 묘사하고 있습니다. 우리는 절망적 상황에 처하게 되면 기도합니다. 그런데 기도할 때 무엇을 기도해야 할지조차 모를 때가 있습니다. 그래서 입술만 중얼거릴 때도 많습니다. 그래도 괜찮습니다. 후에 돌이켜보면 내 기도보다도 성령의 도우심으로 기도했음을 알게 될 것입니다.

우리가 무엇을 구해야 좋을지 모를 때도 성령이 우리를 위해서 탄식하며 기도하고 계십니다. 성령님의 기도 덕분에 내형편없는 기도에도 불구하고 내가 그 어려움과 절망에서 빠져나와 하나님이 기뻐하시는 길로 가게 되는 것입니다. 결국 마지막에 우리가 이 어려움을 극복하게 된 것은 성령님의 도우심입니다.

그런데 여기서 '하나님의 뜻'의 가장 중요한 핵심이 무엇일까요? 성령님이 이루기 위해 중보하시는 하나님의 뜻은 무엇일까요? 하나님이 뜻하신 선의 핵심은 로마서 8장 29절에 나온 것처럼 '하나님이 미리 아신 자들을 또한 그 아들의 형상을 본받게 하기' 위함입니다. 쉽게 말하면 예수님을 닮아가도록 하는 것입니다. 성령님은 우리가 지금 통과하고 있는 고난과 어려움을 통해 예수님 닮은 사람으로 하나님 앞에 서게 해달라고 기도하시는 것입니다. 성령님이 우리에게 보고 싶어 하는 모습이 바로 예수님 닮은 자가 되는 것입니다.

여기서 우리는 하나님이 고난을 허락하신 이유를 알 수 있습니다. 하나님은 고난 속에서 우리를 빚어가고자 하십니다. 고집과 이기심, 잘난 마음을 내려놓고 예수님 같은 사랑, 예수님 같은 인내, 예수님의 관용과 자비를 닮아가도록 역사하십니다. 결국 궁극적인 사역은 예수님을 닮아가는 하나님의 뜻,

하나님의 선을 이루도록 하나님께서 역사하시는 것입니다.

성화의 초점은 거룩하게 되는 것인데, 쉽게 말하면 예수님을 닮는 것입니다. 우리에게 가장 중요한 과제는 얼마나 성공했느냐가 아니라 얼마나 더 예수님을 닮아가느냐 하는 것입니다. 마지막 날 예수님 앞에 섰을 때 '나를 위해 얼마나 큰 건물을 지었니?'가 아니라 '넌 얼마나 나를 닮았니?'라고 물어보실 것이기 때문입니다.

성화의 황금 사슬

로마서 8장에는 하나님께서 성도 안에 이루시는 사역의 순서들이 있습니다. 개혁자들은 이 교리들을 '황금의 사슬'이라고 불렀습니다.

> 우리가 알거니와 하나님을 사랑하는 자 곧 그의 뜻대로 부르심을 입은 자들에게는 모든 것이 합력하여 선을 이루느니라 하나님이 미리 아신 자들을 또한 그 아들의 형상을 본받게 하기 위하여 미리 정하셨으니 이는 그로 많은 형제 중에서 맏아들이 되게 하려 하심이니라 또 미리 정하신 그들을 또한 부르시고 부르신 그들을 또한 의롭다 하시고 의롭다 하신 그들을 또한 영화롭게 하셨느니라
>
> 롬 8:28-30

여기 아주 엄청난 기독교의 구원 교리들을 설명하는 골치 아픈 단어들이 등장합니다. 정하시고(예정), 부르시고(소명), 의롭다 하시고(칭의), 영화롭게(영화) 하시는 것입니다. 이것들은 떨어져 있는 것이 아니라 황금의 사슬로 연결되어 있습니다. 하나님은 정하신 그들을 부르시고, 부르신 그들을 의롭다 하시고, 의롭다 하신 그들을 영화롭게 하십니다. 하나님이 정하신 그들을 끝내 영화롭게 하시고야 만다는 것입니다. 그런데 칭의에서 영화로 가는 이 길 위에서 주어지는 과정이 성화입니다. 이것을 그림으로 한 번 정리해보았습니다.

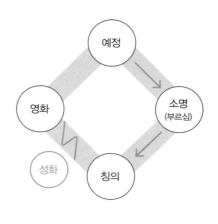

〈성화의 과정〉

우리가 이 성화를 성취하기 위해 꼭 갖추어야 할 덕목들이 있습니다. 베드로는 이것을 8가지로 정리했습니다.

이로써 그 보배롭고 지극히 큰 약속을 우리에게 주사 이 약속으로
말미암아 너희가 정욕 때문에 세상에서 썩어질 것을 피하여 신성한
성품에 참여하는 자가 되게 하려 하셨느니라 그러므로 너희가 더욱
힘써 너희 믿음에 덕을, 덕에 지식을, 지식에 절제를, 절제에 인내를,
인내에 경건을, 경건에 형제 우애를, 형제 우애에 사랑을 더하라

벧후 1:4-7

이것을 '8음계'라고도 합니다. 믿음으로 시작해서 사랑까
지 가는 것입니다. 여기에 덕이 갖춰져야 하고, 지식, 절제, 인
내, 경건, 형제 우애도 더해져야 합니다. 마지막에 사랑이 더
해질 때 예수님을 온전히 닮게 됩니다. 이것들을 위해 우리는
기도해야 합니다.

저는 이러한 기도 중 대표적이고 아름다운 기도가 시편의
139편 23,24절이라고 생각합니다.

하나님이여 나를 살피사 내 마음을 아시며 나를 시험하사 내 뜻을
아옵소서 내게 무슨 악한 행위가 있나 보시고 나를 영원한 길로 인
도하소서 시 139:23,24

시편 기자는 산전수전 다 겪은 사람입니다. 그는 하나님 앞에서 날마다 자신을 성찰하는 기도를 통해, 수많은 우여곡절 끝에 하나님의 마음에 합한 사람으로 빚어져갑니다. 그에게는 범죄의 순간도 있었습니다. 그래서 참회의 기도를 드리기도 합니다.

> 우슬초로 나를 정결하게 하소서 내가 정하리이다 나의 죄를 씻어주소서 내가 눈보다 희리이다 … 나를 주 앞에서 쫓아내지 마시며 주의 성령을 내게서 거두지 마소서 주의 구원의 즐거움을 내게 회복시켜주시고 자원하는 심령을 주사 나를 붙드소서 시 51:7-12

그리고 119편에 와서는 날마다 더하는 그의 성찰의 자세를 볼 수 있습니다. 이것이 성화의 과정입니다.

아직은 공사 중

우리는 아직도 성화가 끝나지 않은 사람들입니다. 아직도 그 길을 가는 중입니다. 쉽게 말하면 공사 중인 것입니다. '공사 중'이라는 말이 제게 가슴 벅차도록 다가왔던 순간이 있었습니다.

언젠가 미국의 빌리 그래함 기념 도서관에 간 적이 있습니다. 도서관 건물 안에 들어서기 전, 오른쪽에 빌리 그래함 목사의 부인 루스 그래함의 묘지가 있었습니다. 안내해주시던 분이 도서관에 들어가기 전에 그곳에 먼저 가보라고 해서 갔는데, 한문으로 '의'(義) 자가 쓰여 있었던 것이 인상적이었습니다. 그 글자는 사모님이 좋아하셨던 글자라고 합니다. 그 이유를 보니 '의'는 '양'(羊) 자 밑에 '아'(我) 자가 있는 형태인데, 이것이 '나의 어린양 되시는 예수님이 나의 의가 되신다'라고 해서 이 글자를 그렇게 좋아했다고 합니다.

더 감동적인 것은 비문이었습니다. 그녀의 비문에는 "The End of Construction"(공사 끝), 그리고 "Thank you for your Patience"(그동안 참아주셔서 감사합니다)라고 쓰여 있었습니다.

안내해주시는 분의 말씀을 들어보니 한번은 빌리 그래함 목사님과 사모님이 차를 타고 동네를 지나는데 길을 막아놓고 공사를 하고 있었다고 합니다. 거기에는 '공사 중입니다. 죄송합니다'라는 팻말이 붙어있었습니다.

그런데 얼마 후 지나가다 보니 공사가 끝나서 '공사 끝. 그동안 참아주셔서 감사합니다'라는 팻말이 붙어있었다고 합니다. 그것을 본 사모님이 빌리 그래함 목사님께 "저 말 너무 좋아요. 제가 죽으면 무덤에 써주세요"라고 했고, 목사님은 그것을 기억하고 사모님 묘에 이렇게 쓴 것입니다.

우리는 아직 공사가 끝나지 않았습니다. 서로 상처를 주기도 하고, 받기도 하고, 찌르기도 하고, 찔림을 받기도 합니다. 공사가 끝나지 않아서 불편을 줍니다. 하지만 언젠가는 공사가 끝날 것입니다. 그때 우리 모두 이렇게 고백할 수 있을 것입니다.

"이제 공사가 끝났습니다."

"그동안 참아주셔서 감사합니다."

순례자의 묵상

· 조용히 앉아 성화에 대한 열망을 기도문으로 기록해보십시오.

CHAPTER 5

언어와 침묵의 영성

우리가 다 실수가 많으니 만일 말에 실수가 없는 자라면
곧 온전한 사람이라 능히 온몸도 굴레 씌우리라
약 3:2

야고보서는 우리의 믿음이 어떻게 행함으로 드러날 수 있는지
를 가르치는 책입니다. 거기의 핵심적 교훈 중 하나가 언어생
활입니다. 언어는 존재의 집이라고 말한 사람도 있었습니다.

　야고보 사도는 언어가 바로 온전한 사람의 기준이라고 우
리에게 가르칩니다(약 3:2). 여기서 '온전한 사람'이란 완전하다
기보다는 성숙한 사람이란 뜻에 가깝습니다. 그러면서 언어의
파괴적 기능과 생산적 기능을 함께 언급합니다.

이것으로 우리가 주 아버지를 찬송하고 또 이것으로 하나님의 형상
대로 지음을 받은 사람을 저주하나니 한 입에서 찬송과 저주가 나

언어는 찬송의 도구일 수도 있고, 저주의 도구로 쓰임 받을 수도 있습니다. 한문 고사 성어인 '구화지문, 구복지문'(口禍之門, 口福之門), 즉 '입은 화에 이르는 문이기도 하고, 복에 이르는 문이기도 하다'라는 말과 같은 의미라고 볼 수 있습니다. 혀는 양날의 칼처럼 전혀 다른 역할을 할 수 있습니다. 그러므로 인생길을 순례하는 우리는 모두 언어의 삶을 훈련해야 합니다.

야고보는 언어의 세 가지 파괴적 기능을 비유를 들어 설명합니다. 첫째, 불입니다. 불은 생산적으로 사용되기도 하지만 잘못 사용하면 모든 것을 태워버리는 매우 파괴적인 성질을 가지고 있습니다. 둘째, 길들이지 못한 산 동물입니다. 동물이 길들여지면 유용한 가축이 될 수 있지만 그렇지 못하면 사람을 해치는 산 동물이 될 수도 있습니다. 셋째, 독입니다. 우리에게 유익한 독도 있지만 잘못 사용하면 그것 때문에 생명을 잃게 되기도 합니다.

그런가 하면 생산적 기능도 비유로 설명하는데, 언어를 잘 사용하면 성숙한 리더가 될 수 있습니다. 찬송의 권능도 누릴 수 있고, 아름다운 삶의 열매를 맺을 수 있다고 가르칩니다.

언어는 영성의 바로미터

순례자 크리스천은 사망의 음침한 골짜기를 벗어나서 '신실'이라는 친구를 만납니다. 신실은 크리스천에게 여러 가지 간증을 전하며 크리스천의 순례길을 준비시켜주는데, 특별히 '수다쟁이'를 만난 경험을 들려줍니다. 수다쟁이는 은혜를 진심으로 믿지 않으면서도 믿는 척 말로만 꾸미는 사람이었습니다. 신실은 그 사람으로 인해서 기만당했던 어려움을 고백합니다. 존 버니언은 이 이야기를 통해 인생의 순례에서는 이런 수다쟁이보다 신실한 친구들이 필요하다는 사실을 간접적으로 우리에게 가르쳐줍니다.

수다쟁이의 아버지 이름도 재미있습니다. 그의 이름은 '달변'입니다. 그들은 말한 바를 실행에 옮기지 못합니다. 크리스천은 이들을 묘사하면서 하나님의 나라는 말에 있지 않고 능력에 있다고 합니다. 잘 말할 줄 아는 것이 나쁜 것은 아닙니다. 그러나 그것은 결코 신앙의 본질이 아닙니다.

그런가 하면 크리스천과 소망이 허영의 시장에서 나왔을 때 '감언이설'이라는 도시에서 온 사람들을 만납니다. 그들의 이름은 '두 마음', '잔머리', '일구이언', '양다리', '가식여사'입니다. 우리는 이어지는 이야기 속에서 이들을 만나 고생하는 크리스천의 모습을 보게 됩니다. 그들이 가지고 있는 공통점은 말에 신실함이 없다는 것이었습니다. 그들은 언어의 신실함이 없고 기회주의적 처신에 능한 사람들이었습니다.

또 기쁨의 산을 떠날 때 크리스천이 목자들로부터 받은 주의사항에도 언어에 대한 부분이 등장합니다. 목자들은 '아첨쟁이'를 유의하라고 말해줍니다. 아첨을 받으면 기분이 좋아질 수는 있지만 그것이 결코 유익하지는 않습니다.

이처럼 존 버니언은 순례의 길에서 언어의 신실함이 없는 사람들을 조심해야 한다고 한결같이 가르칩니다. 언어는 영성을 측정하는, 영성의 바로미터이기 때문입니다.

우리에게는 시편 기자의 "내 입에 파수꾼을 세우시고 내 입술의 문을 지키소서"(시 141:3)라는 기도가 필요합니다. 세상은 의미 없는 소리로 가득찬 곳입니다. 우리의 신앙 선배들은 이런 세속적인 영성을 극복하기 위해 우리에게 필요한 영성 중하나가 바로 침묵의 연습, 침묵의 훈련이라고 말하고 있습니다. 이런 잘못된 세속의 언어 속에서 우리 자신을 지키기 위해서 필요한 훈련이 바로 침묵의 훈련인 것입니다.

침묵을 훈련하라

사라 맥라한(Sara McLaughin)이라는 사람은 "하나님의 임재에 들어가는 패스워드는 침묵이다"라고 했습니다. 하나님의 임재 속에 들어가려면 침묵하는 법을 먼저 배워야 하며, 침묵하지 않고는 하나님의 깊은 임재를 경험할 수가 없다는 것입니다. 그렇다면 왜 침묵이 중요할까요?

출애굽기에 보면 이스라엘 백성이 모세를 원망하는 장면이 나옵니다.

> 그들이 또 모세에게 이르되 애굽에 매장지가 없어서 당신이 우리를 이끌어내어 이 광야에서 죽게 하느냐 어찌하여 당신이 우리를 애굽에서 이끌어내어 우리에게 이같이 하느냐 우리가 애굽에서 당신에게 이른 말이 이것이 아니냐 이르기를 우리를 내버려 두라 우리가 애굽 사람을 섬길 것이라 하지 아니하더냐 애굽 사람을 섬기는 것이 광야에서 죽는 것보다 낫겠노라 모세가 백성에게 이르되 너희는 두려워하지 말고 가만히 서서 여호와께서 오늘 너희를 위하여 행하시는 구원을 보라 너희가 오늘 본 애굽 사람을 영원히 다시 보지 아니하리라 여호와께서 너희를 위하여 싸우시리니 너희는 가만히 있을지니라 출 14:11-14

이 말씀의 배경 상황은 잘 아시는 대로 홍해 바다 앞에 선 이스라엘이 추격해오는 바로의 군대를 보며 온갖 불평을 쏟아내는 장면입니다. 그때 모세는 백성에게 이렇게 말합니다.

"너희는 두려워하지 말고 가만히 서서 여호와께서 오늘 너희를 위하여 행하시는 구원을 보라 너희가 오늘 본 애굽 사람을 영원히 다시 보지 아니하리라 여호와께서 너희를 위하여 싸우시리니 너희는 가만히 있을지니라."

여기에는 '가만히 있으라'라는 단어가 반복해서 나오며 조용함이 강조되고 있습니다. 하나님이 일하시는 것을 보고 싶거든, 하나님께 일할 수 있는 기회를 드리기 위해서는 우리가 침묵해야 한다는 것입니다.

이는 여호수아서에서도 찾아볼 수 있는 교훈입니다.

이스라엘 자손들로 말미암아 여리고는 굳게 닫혔고 출입하는 자가 없더라 여호와께서 여호수아에게 이르시되 보라 내가 여리고와 그 왕과 용사들을 네 손에 넘겨주었으니 너희 모든 군사는 그 성을 둘러 성 주위를 매일 한 번씩 돌되 엿새 동안을 그리하라 제사장 일곱은 일곱 양각 나팔을 잡고 언약궤 앞에서 나아갈 것이요 일곱째 날에는 그 성을 일곱 번 돌며 그 제사장들은 나팔을 불 것이며 제사장들이 양각 나팔을 길게 불어 그 나팔 소리가 너희에게 들릴 때에는 백성은 다 큰 소리로 외쳐 부를 것이라 그리하면 그 성벽이 무너져 내리리니 백성은 각기 앞으로 올라갈지니라 하시매 … 여호수아가 백성에게 명령하여 이르되 너희는 외치지 말며 너희 음성을 들리게 하지 말며 너희 입에서 아무 말도 내지 말라 그리하다가 내가 너희에게 명령하여 외치라 하는 날에 외칠지니라 하고 수 6:1–10

이 구절은 여리고성 함락에 나선 이스라엘 백성의 이야기입니다. 하나님은 그들에게 매일 한 바퀴씩 여리고성을 돌다가 마지막 날에는 일곱 바퀴를 돌라고 하셨습니다. 여기서 하나님은 규칙을 하나 주십니다. 여리고성을 도는 동안 침묵하라는 것입니다. 마지막 날, 일곱 바퀴를 다 돈 다음에 외치라고 하셨습니다. 그 전까지는 아무 소리도 하지 말고 돌라고 하신 것입니다.

왜 그러셨을까요? 제 생각에는 이렇습니다. 여리고성을 돌면 무너진다고 했는데 어찌 생각하면 어이없는 말씀입니다. 그러니 성을 돌다가 누군가가 "우리가 돈다고 이 성이 무너질까?"라는 말을 할지 모릅니다. 아마 거의 그럴 것 같습니다. 그렇게 되면 여기저기서 동요하게 되어 행진이 엉망이 될 가능성이 있습니다. 하나님이 이것을 아시고 미리 침묵을 명하셨던 것 같습니다.

그렇다고 영원히 침묵시키신 것은 아닙니다. 마지막 결정적인 순간에 말하라고 하셨습니다. 즉 하나님은 침묵을 명하시고, 이것을 통해서 하나님께 순종하는 백성의 모습을 훈련하신 것이라고 볼 수 있습니다. 순종 가운데 입을 닫는 훈련은 쉽지 않은 훈련입니다. 하나님께 순종할 수 있는 기회를 갖기 위해 우리에게는 침묵이 필요합니다.

침묵 속에 말씀하시는 하나님

또 하나, 욥의 친구였던 엘리바스의 간증을 봅시다. 그는 조용히 침묵할 때 하나님의 목소리를 들을 수 있었다고 말합니다. 하나님의 음성을 듣기 위해서는 우리가 조용할 필요가 있다는 것입니다.

> 그 영이 서 있는데 나는 그 형상을 알아보지는 못하여도 오직 한 형상이 내 눈 앞에 있었느니라 그때에 내가 조용한 중에 한 목소리를 들으니 욥 4:16

하나님께서도 급할 때는 나팔 소리 같은 거대한 음성으로 말씀하실 수 있다고 생각합니다. 요한계시록에도 "내가 나팔 소리와 같은 주의 음성을 들었다"라는 말씀이 있습니다. 그런가 하면 열왕기상 19장에서는 하나님의 사람 엘리야를 로뎀나무 아래서 호렙산으로 옮기시고 "가만히 있어라. 내가 나타나겠다"라고 말씀하신 내용이 나옵니다. 그 후 하나님은 불과 바람, 지진 속에서 말씀하지 않으시고, 그 모든 것이 지나간 후에 세미한 음성으로 다가오셨습니다.

어쩌면 하나님은 거대한 음성보다 세미한 음성으로 우리에게 다가오시는 경우가 더 많은 것 같습니다. 아주 부드러운 속삭임으로 다가오시기 때문에 우리가 조용히 머물러야 잘 들을 수 있습니다. 그분의 말씀을 잘 듣기 위해서는 우리가 조용할 필요가 있습니다.

예배의 부름으로 예배 시간에 자주 사용되는 구절인 하박국서 2장 20절을 보면, "오직 여호와는 그 성전에 계시니 온 땅은 그 앞에서 잠잠할지니라"라고 했습니다. 하나님의 임재가 성전 안에 있으니 그 앞에서 잠잠하라는 말씀입니다. 하나님의 임재를 만나기 위해, 그 하나님의 임재를 경험하기 위해 필요한 것이 '잠잠함'입니다.

예배로 나아갈 때뿐만 아니라 우리 삶의 한복판 속에서 하나님의 구원이 필요할 때, 하나님의 도우시는 힘이 필요할 때도 우리는 잠잠히 하나님을 신뢰하고 기다려야 합니다. 새 힘을 공급받고 도움을 얻기 위해서는 조용히 기다리는 것이 필요합니다. 우리가 너무 떠들면 하나님은 우리를 도우실 수 없습니다. 이사야 선지자는 이렇게 말합니다.

주 여호와 이스라엘의 거룩하신 이가 이같이 말씀하시되 너희가 돌이켜 조용히 있어야 구원을 얻을 것이요 잠잠하고 신뢰하여야 힘을 얻을 것이거늘 너희가 원하지 아니하고 사 30:15

우리는 자연을 통해서도 이에 대한 교훈을 얻을 수 있습니다. 짐승이 아프면 웅크리고 가만히 있습니다. 아무것도 먹지 않습니다. 그리고 얼마 지나면 자연적으로 소생합니다. 이것이 자연치유입니다. 그런 회복을 위해서, 새 힘을 위해서는 우리가 조용히 웅크리는 시간이 필요합니다.

제가 미국 워싱턴 근교에서 이민 목회를 하면서 안식년을 얻었을 때, 교훈을 얻고자 주목했던 교회가 있었습니다. 워싱턴 한복판에 있는 작은 교회로, 당시 미국에서 가장 영향력 있고 주목 받았던 구세주의 교회(Church of the Savior)입니다. 당시 고든 코스비라는 목사님이 사역하고 계셨는데, 작은 교회임에도 엄청난 사역들을 하고 있었습니다. 워싱턴 한복판에서 토기장이 커피숍도 운영하고, 미혼모 사역도 감당하고, 집이 없는 사람들을 위한 사역도 감당했습니다.

그런데 그 교회의 교인이 되기란 매우 힘들었습니다. 교인이 되면 하나님 앞에 일정한 헌신을 반드시 드려야 했기 때문입니다. 그러니까 구경 오는 사람은 많아도 정식 교인이 되기는 쉽지 않았습니다. 그 교회에서 가장 놀라웠던 것은 자원봉사자들이 월급 받고 일하는 사람보다 더 열심히 일하는 모습이었습니다. 게다가 일하는 분들이 거의 할머니셨는데, 다들 30-40년 이상 봉사하고 계셨습니다. 그래서 제가 물었습니다.

"어떻게 30-40년을 봉사할 수가 있습니까? 중간에 그만두고 싶지는 않았습니까?"

그러자 그 분들이 대답하길, 그 교회 교인들은 한 달에 한 번씩 전교인이 모여 아침부터 저녁까지 침묵하며 숲속을 걷고, 식사하고, 정리도 하고, 생각하고, 기도하고, 돌아본다고 합니다. 그것만 하면 회복이 일어났다는 것입니다. 이것이 침묵이 가진 위대한 힘입니다.

저도 그 자리에 따라가봤는데, 아무것도 하지 않고 하루 종일 가만히 있자니 무척 힘들었습니다. 그런데 이상하게도 저녁이 되니까 회복이 일어났습니다. 생각도 가라앉고, 마음이 평온해졌습니다. 여러 가지 어려운 일이 있다가도 저녁 때 나가면서 새 힘을 얻으며 '그래도 이것보다 더 보람 있는 일이 어디 있나, 해봐야지' 하고 생각한 것입니다. 그들은 늘 그렇게 어려움을 극복했다고 합니다.

예수님이 보여주신 침묵과 독거의 모범

영성 훈련에서 '독거'(Solitude)는 매우 중요한 의미를 갖는 단어입니다. 비슷한 단어로 고독(Loneliness)이 있는데, 둘 다 가만히 있는 것을 말하지만 그 의미는 다릅니다. 독거는 혼자 있는 것이긴 하지만 혼자만 있는 것이 아닙니다. 영어로는 'Alone with God', 하나님과 함께 홀로 있음을 말합니다. 즉 하나님만 생각하고 가만히 있는 것이 독거입니다.

예수님은 자주 홀로 있는 시간을 가지셨습니다. 골방의 문을 닫고 가만히 계셨습니다. 한적한 산으로도 가셨습니다. 예수님이 왜 독거하셨을까요? 그분이 어느 때 침묵하셨는가를 주의 깊게 살펴보십시오.

> 무리를 보내신 후에 기도하러 따로 산에 올라가시니라 저물매 거기 혼자 계시더니 마 14:23

예수님은 기도하기 위해 홀로 머무셨습니다. 혼자 있는 시간은 기도하는 시간이 될 수 있습니다. 또한 시험의 상황 속에서 독거하셨습니다.

> 아침에 다시 성전으로 들어오시니 백성이 다 나아오는지라 앉으사

그들을 가르치시더니 서기관들과 바리새인들이 음행중에 잡힌 여자를 끌고 와서 가운데 세우고 예수께 말하되 선생이여 이 여자가 간음하다가 현장에서 잡혔나이다 모세는 율법에 이러한 여자를 돌로치라 명하였거니와 선생은 어떻게 말하겠나이까 그들이 이렇게 말함은 고발할 조건을 얻고자 하여 예수를 시험함이러라 예수께서 몸을 굽히사 손가락으로 땅에 쓰시니 요 8:2-6

간음하다 잡혀온 여인을 향해서 바리새인들이 돌을 들고 서 있고, 예수님은 땅에 몸을 굽히신 채 손가락으로 무언가를 열심히 쓰고 계십니다. 말을 해보라고 해도 대답하지 않으시고 계속 무언가를 쓰셨습니다. 왜 침묵하셨을까요? 마지막 절에 보면 "예수를 시험함이러라"라는 구절이 나옵니다. 바로 시험받을 때, 우리가 시험 속에 있을 때 필요한 것이 조용히 있는, 독거입니다.

또한 인생을 살면서 곤욕을 당할 때에도 털 깎는 자 앞의 잠잠한 양처럼 조용히 있는 독거와 침묵이 필요합니다. 예수님도 그렇게 하셨습니다.

그가 곤욕을 당하여 괴로울 때에도 그의 입을 열지 아니하였음이여 마치 도수장으로 끌려가는 어린 양과 털 깎는 자 앞에서 잠잠한 양

같이 그의 입을 열지 아니하였도다 사 53:7

예수님은 고발을 당하는 상황 속에서도 침묵하셨습니다. 빌라도 총독에게, 대제사장들과 장로들에게 고발을 당하는 상황 속에서도 예수님은 한 마디도 하지 않으셨습니다. 고발을 당할 때, 우리에게 더 나은 선택이 때로는 침묵일 수 있습니다.

대제사장들과 장로들에게 고발을 당하되 아무 대답도 아니하시는지라 이에 빌라도가 이르되 그들이 너를 쳐서 얼마나 많은 것으로 증언하는지 듣지 못하느냐 하되 한 마디도 대답하지 아니하시니 총독이 크게 놀라워하더라 마 27:12-14

예수님은 자신이 호기심의 대상이나 호기심의 재물이 되는 것을 거절하셨습니다. 그리고 그럴 때도 침묵하셨습니다. 헤롯이 예수님이 이적을 행하는지 보려고 했을 때도 마찬가지였습니다. 예수님은 아무 일도 행하지 않으셨고 아무 대답도 하지 않으셨습니다.

헤롯이 예수를 보고 매우 기뻐하니 이는 그의 소문을 들었으므로

보고자 한 지 오래였고 또한 무엇이나 이적 행하심을 볼까 바랐던
연고러라 여러 말로 물으나 아무 말도 대답하지 아니하시니

눅 23:8,9

호기심의 대상으로 산다는 것은 비참한 일입니다. 연예계
사람들의 추락이나 비극은 지나치게 호기심의 대상으로 인생
을 살았기 때문입니다. 자신의 인생을 살지 못했기 때문이었
습니다.

말과 침묵의 균형이 필요하다

인생을 살면서 침묵이 필요한 경우가 많지만, 그렇다고 해
서 아예 아무런 말도 하지 않고 살라는 것은 아닙니다. 말과
침묵이 균형을 이루어야 합니다. 그래서 전도서 기자도 잠잠
할 때가 있고 말할 때가 있다고 했습니다(전 3:7). 사실 말하
는 것은 쉽습니다. 침묵이 어려운 것입니다. 입을 벌려 말하는
것보다 입을 다물고 있는 것은 훨씬 어렵습니다. 침묵은 왜
그렇게 어려운 것일까요?

먼저, 침묵은 우리에게 낯섭니다. 그래서 침묵하라고 하면
어찌할 바를 모르는 사람들이 많습니다. 저는 영성 훈련을 받
는 과정에서 2주간 수도원에서 지낸 적이 있습니다. 그곳에서

는 금요일 12시부터 월요일 아침 10시까지 침묵하도록 되어 있습니다. 주일에 드리는 예배도 침묵예배였습니다.

그곳에 들어가자 몇 가지 주의만 주고 침묵이 선포되었습니다. 금요일과 토요일 아침까지도 힘들더니, 토요일 황혼 무렵이 되자 침묵이 좋아지기 시작했습니다. 아내와 산책을 하면서도 말을 할 수 없었고, 식사시간에도 아무 말도 하지 못했습니다.

그러다 주일 오후 점심시간에 같이 식사하던 한 사람을 보고 충격을 받았습니다. 그는 울고 있었습니다. 나중에 물어보니 그 사람은 자기가 먹고 있는 채소가 어떤 과정을 통해 선물로 주어지는지 생각하니 갑자기 감사하는 마음이 생겼다고 했습니다. 그동안은 그런 것들에 감사하지 못했는데 자신이 아직도 살아 있고, 음식을 먹을 수 있고, 많은 사람들의 손길을 통해서 하나님의 선물로 주어진 그 음식들이 정말 감사했다는 것입니다. 그때 침묵이 힘이 있다는 것을 처음 느끼게 되었고, 그 다음부터 정말 힘들 때는 어디론가 가서 서너 시간씩 조용히 앉아 있곤 합니다.

낯선 친구를 사귈 때도 시간과 노력이 필요합니다. 기독교 심리학자 가운데 웨인 오츠 박사는 침묵에 대한 책에서 침묵을 배우는 과정을 이렇게 비유했습니다. 그는 의과대학 교수였는데 의과대학에 들어가면 의대생들이 하는 일 중 하나가 죽은 사람의 뼈를 갖다 놓고 뼈를 만지는 연습을 한다고 합니다. 처음에는 징그러워하며 놀라지만 시간이 지나다보면 해골을 만지는 것이 친숙해지게 됩니다. 이와 같이 침묵도 친해지도록 노력해야 한다고 그는 말합니다.

둘째, 침묵을 시간 낭비로 생각하기 때문입니다. '내가 왜 이렇게 가만히 있지? 멍청하게?'라고 생각하기 때문입니다. 하지만 가장 위대한 창조적인 생각은 침묵할 때 일어납니다. 침묵에는 집중의 힘이 있습니다. 자연을 보십시오. 자연은 침묵합니다. 침묵하면서 할 것은 다 합니다. 꿈틀거리며 성장합니다. 꽃을 피우고 열매를 맺기도 합니다.

셋째, 어떤 사람은 침묵을 두려움으로 느끼기도 합니다. 그래서 감옥에 들어가 있는 죄수들에게 교도소가 주는 가장 큰 형벌은 독방에 가두는 것입니다. 그러면 두 가지 현상이 일어난다고 합니다. 독방에 들어가면 발작하는 사람이 있는가 하면, 어떤 사람은 독방에서 성숙해지고 즐기는 사람이 있습니다.

사실 침묵은 익숙하지 않은 두려움을 제공하지만, 그것을 극복하면 두려움 건너편에서 우리에게 참된 사랑을 만나게 하기도 합니다. 성경은 사랑에는 두려움이 없다고 말합니다. 그

속에서 하나님의 임재를 느끼고 하나님을 사랑할 수 있다면 오히려 그 시간이 놀랍도록 부요한 시간이 될 수 있습니다.

넷째, 침묵을 어둡고 캄캄한 것으로 느끼는 사람도 있습니다. 십자가의 성 요한은 "어둠을 조금만 넘어서면 어둠 속에서 빛나는 빛을 만난다"라고 했습니다. 그리고 침묵은 빛나는 밤과 같다고 말합니다. 깜깜해 보이지만 가만히 보면 그 속에서 점차 빛이 드러나는 것을 볼 수 있기 때문입니다.

다섯째, 침묵을 외로움이라 생각하는 사람들도 있습니다. 그래서 침묵을 기피하게 됩니다. 그러나 그 외로움의 고비를 넘어서면 침묵은 달콤함을 줍니다. 영성 훈련 중에서 침묵을 배우는 것만큼 좋은 것이 없습니다. 침묵을 배우지 못하면 인생을 피상적으로 살 수밖에 없습니다.

침묵과 독거의 라이프 스타일 가꾸기

그렇다면 우리는 어떻게 하나님 앞에서 침묵할 줄 알고, 독거(하나님과의 홀로 있음)할 수 있을까요? 그런 라이프 스타일을 가꾸기 위한 팁을 제공하고 싶습니다.

첫째, 새벽에 일찍 일어나보십시오. 새벽시간의 고요함을 즐기시기 바랍니다. 그러면 하루가 길어지고 새벽시간을 유익하게 쓸 수 있습니다. 저는 제일 중요한 글을 쓸 때 새벽에 일찍 일어납니다. 그러면 생각이 잘 움직여서 글이 잘 써집니다.

둘째, 아무도 없을 때 혼자 조용히 커피를 마시며 침묵을 즐겨 보십시오.

셋째, 촛불을 켜 놓으면 집중하며 기도할 수 있습니다.

넷째, 가족과 약속하고 침묵의 시간을 가져보십시오. 퀘이커의 영성 훈련 가운데 '만과'라는 훈련이 있습니다. 이것은 일주일에 한 번, 주로 금요일 저녁부터 토요일 해가 질 때까지 침묵을 선포하고 가족도 집 안에서 조용히 침묵하는 것입니다. 그렇게 길게 할 수 없으면 금요일 저녁부터 토요일 아침 식사 전까지 침묵하기도 합니다. 이렇게 집 안에서 침묵을 선포하면 가족이 서로 얼굴도 쳐다보고, 침묵 속에 떠오르는 미소도 바라보게 됩니다.

다섯째, 텔레비전을 보지 않는 시간을 정해보십시오. 텔레비전을 '바보상자'라고 하면서도 보고 있으면 계속 빨려 들어가는 것이 우리입니다. 뜻 있는 사람들로 인해서 사순절이나 고난주간 동안이라도 텔레비전을 보지 말자는 '텔레비전 금식 운동'이 일어나고 있습니다. 한 주간만이라도 텔레비전을 안 보거나, 하루만이라도 핸드폰과 떨어져 지내는 것을 시도해 보시기 바랍니다.

여섯째, 시끄러운 음악보다 조용한 음악을 들어보십시오.

일곱째, 집에서 가까우면서 자연을 느낄 수 있는 곳에서 조금 걸어보십시오.

여덟째, 집 분위기를 조용하게 만들어보십시오.

아홉째, 잠잠히 밤하늘을 바라보는 시간을 가져보십시오.

이런 시간들은 우리에게 정말 필요합니다. 저는 책상 위에 작은 책장을 놓고 시집이나 음악 CD를 꽂아 두었습니다. 설교를 준비하다가, 책 읽다가 머리가 아프면 시집도 읽고 조용한 음악을 듣기도 합니다. 그러면 피곤하고 스트레스를 받았다가도 마음이 가라앉게 됩니다. 평화가 솟고 기쁨과 함께 회복됨을 경험합니다. 이렇게 음악을 듣고 시를 읽으면 훨씬 인생을 풍요롭게 살 수 있습니다.

때로 있는 그 자리에서 그저 조용한 시간을 가져보십시오. 긴 시간이 아닐지라도 침묵하며 그동안 어떻게 살아왔는지, 지금 내 마음은 어떤지, 앞으로 남은 인생만이라도 내 마음을 어떻게 가꾸며 살아야 하는지 생각하는 시간을 가져보십시오. 조용한 침묵 속에 하나님 앞에 마음을 다 열어놓고 기도하는 시간을 가져보십시오.

"하나님, 제 마음의 집에 들어오셔서 정리 좀 해주세요. 제 마음을 다독거려 주세요. 제 마음에 평화를 주세요. 주님이 제 마음의 주인이 되어 주세요. 그리고 제가 어떻게 살아야 할지 저에게 한 말씀 해주세요."

그리고 침묵 속에서 들려오는 주님의 부드러운 속삭임, 세밀한 음성을 들어보시기 바랍니다. 아마 하나님이 이렇게 말씀하실 지도 모르겠습니다.

"너 그동안 너무 바쁘게 살았어. 이제 좀 천천히 살아라."

"네 마음이 너무 황폐해졌어. 이제부터는 마음의 정원을 가꿔야지."

"네 마음에 미움이 너무 많아. 이제 미움을 내려놓고 용서해라. 용납해라. 사랑해라."

"너무 너는 사람에게 집착하며 살았어. 이제 나를 좀 바라보며 살지 않을래? 내가 하나님이야. 내가 너의 창조자, 너의 주인이야. 너는 나보다도 앞서갔어. 이제부터 나와 의논하며 살자."

순례자의 묵상

· 내가 생각하는 '침묵'은 무엇인지 정리해보십시오.

· 내가 침묵을 훈련할 수 있는 적합한 시간과 장소를 찾아보십시오.

CHAPTER 6

비움과 채움의 영성

너희 안에 이 마음을 품으라 곧 그리스도 예수의 마음이니 … 오히려 자기를 비워
종의 형체를 가지사 사람들과 같이 되셨고 사람의 모양으로 나타나사
자기를 낮추시고 죽기까지 복종하셨으니 곧 십자가에 죽으심이라
빌 2:5-8

'비움'은 오늘 우리 사회의 큰 화두가 되어 있습니다. 사실 비움이란 단어를 가장 많이 강조하는 곳은 불교일 것입니다. 하지만 성경을 읽다보면 기독교도 비움을 상당히 강조한다는 것을 알 수 있습니다. 물론 성경이 비움을 강조할 때 불교가 강조하는 방식과는 상당히 다르다는 것도 발견하게 될 것입니다.

기독교 영성의 특성은 비움만 강조하는 것이 아니라, 비움과 채움을 동시에 강조하는 것입니다. 이것이 기독교의 영성이 타 종교의 영성과 차별화되는 특성이라고 말할 수 있습니다.

《천로역정》에도 비움과 채움에 대한 강조가 적지 않게 나옵니다. 우리가 존 버니언의 천로역정을 따라서 길을 걷다보면 순례자 크리스천이 수많은 시험과 유혹을 겪는 것을 봅니다. 그는 그때마다 말씀과 기도, 그리고 순례자의 동반자라고 할 수 있는 목자와 전도자들의 도움을 받아 계속 비우고 채워가며 길을 걸어갑니다.

비움(kenosis)의 영성

비움을 성경적 언어로 말하자면 희랍어의 'kenosis'를 들 수 있습니다. 비움이란 단어가 신약성경에 나오는 대표적인 본문은 빌립보서 2장 5-8절입니다.

> 너희 안에 이 마음을 품으라 곧 그리스도 예수의 마음이니 그는 근본 하나님의 본체시나 하나님과 동등됨을 취할 것으로 여기지 아니하시고 오히려 자기를 비워 종의 형체를 가지사 사람들과 같이 되셨고 사람의 모양으로 나타나사 자기를 낮추시고 죽기까지 복종하셨으니 곧 십자가에 죽으심이라 **빌 2:5-8**

여기 '비우시고'라는 단어가 나옵니다. 하나님과 동등하시고 하나님의 본체이신 그분이 자신을 비워 사람으로 오셨고,

마지막에 사람과 종으로서 섬기시기 위해 십자가에서 목숨까지 내려놓으셨습니다. 성경은 이렇게 그리스도의 비움을 설명합니다.

예수님의 전 생애는 비움의 생애셨다고 할 수 있습니다. 마구간으로, 말구유로 오신 것은 비움의 실천입니다. "인자는 머리 둘 곳이 없다"라는 말씀도 비움의 생애를 잘 표현하고 있습니다. 마지막으로 그분은 십자가에서 목숨을 내려놓으셨습니다. 심지어 자기 무덤도 없이 남의 무덤에 묻히셨습니다. 이처럼 철저하게 그분은 비움의 삶을 사셨습니다.

이런 사건을 '자발적 가난'이라고 부릅니다. 예수님은 스스로 가난해지셨습니다. 우리의 부요함을 위해서 예수님은 철저하게 자신을 비우는 가난을 선택하신 것입니다.

우리 주 예수 그리스도의 은혜를 너희가 알거니와 부요하신 이로서 너희를 위하여 가난하게 되심은 그의 가난함으로 말미암아 너희를 부요하게 하려 하심이라 **고후 8:9**

기독교 역사, 특별히 영성의 역사를 읽어보면 우리 신앙의 선배들이 비움 기도를 어떻게 실천했는지 나옵니다. 기독교 역사, 영성의 역사 속에 나타난 대표적인 비움의 실천 중 하나가 '예수 기도'라는 기도입니다.

1. 예수 기도

우리에게 잘 알려진 것은 기도는 '주기도문'입니다. 그런데 '주의 기도'라고 할 때 단어가 주는 오해가 있습니다. 예수님이 기도하신 것으로 생각할 수 있는데, 주의 기도는 예수님에게 필요한 기도가 아닙니다. 주기도문 중 '죄 사함의 기도'는 예수님에게 전혀 해당되지 않습니다. 그러니까 정확히 말하면 주의 기도가 아니라, '주께서 가르쳐 주신 기도'라고 할 수 있습니다.

'예수 기도'도 마찬가지입니다. 신약성경 복음서에 보면 바디매오라는 맹인이 예수님이 지나간다는 소리를 듣고 "예수 선생님이여, 저를 불쌍히 여겨주세요"라고 기도했습니다. 그리고 그 기도는 응답되었습니다. 열 명의 나환자가 예수님이 지나간다는 소식을 듣고 "예수 선생님이여, 우리를 불쌍히 여겨주세요"라고 기도했고, 그 기도도 응답되었습니다. 바리새인과 세리 두 사람이 성전에 기도하러 올라갔습니다. 바리새인의 기도가 끝난 후에 세리가 기도하기 시작합니다. 그는 하늘을 올려다보지도 못하고 가슴을 치면서 "저는 죄인입니다. 저를 불쌍히 여겨주세요"라고 기도합니다. 그런데 두 사람

중 세리의 기도만 응답을 받았습니다.

위에서 응답 받은 세 사람이 드린 기도의 공통점이 무엇입니까? 그 기도문에 '불쌍히 여겨주세요'가 들어가 있고, 예수께 기도했다는 것입니다. 이것은 간헐적으로 사용되다가 11,12세기에 와서 기도문으로 형성됩니다. 그 기도는 주기도문보다 간단합니다.

"주 예수 그리스도 하나님의 아들이여, 죄인인 저를 불쌍히 여기소서."

이 기도는 주기도문 못지않게 많이 사용되어 왔습니다. 이 기도를 할 때마다 특별한 은혜와 응답이 있었기 때문입니다. 그래서 왜 이런 기도문에 하나님이 응답해주시는지 생각해봤습니다. 이 기도문이 하나님의 마음에 드는 것 같습니다. 우리는 다 불쌍한 존재이기 때문입니다. 하나님은 우리를 불쌍히 여기시는 분이니 그 앞에 나와 불쌍히 여겨달라고 하면 불쌍히 여김을 받는 것입니다. 그래서 이 기도를 통해 수많은 기적이 일어났던 것입니다.

정교회에서 나온 정교회 성도들의 신앙간증문을 모은 《순례자의 길》이라는 책이 있는데, 이 기도문을 통해 얼마나 많은 기적들이 일어나는지 나와 있습니다. 마음이 심란하고 생각이 혼란할 때, 인생의 무거운 짐을 느낄 때, 힘들고 아플 때 과거의 성도들은 이 기도를 많이 했습니다. 이 기도는 중보기도로도 쓰일 수 있습니다.

"우리 남편/아내/자식/이웃을 불쌍히 여겨주세요."

이 한 마디면 됩니다. 기도가 안 될 때 의미 없이 하는 것보다도 이 기도를 하나님 앞에서 조용히 반복할 때, 내 마음이 조용해지며 하나님만 바라보게 됩니다. 그래서 비움을 위한 기도를 할 때 과거에 많이 사용되었다는 것입니다.

2. 세족식

세족식도 비움의 실천입니다. 세족식을 하기 위해서는 이웃 앞에 무릎을 꿇어야 합니다. 이웃 앞에 무릎을 꿇기 위해서는 자기 자존심을 내려놓아야 합니다. 사실 제자들이 예수님의 발을 씻겨드리는 것이 정상입니다. 그런데 오히려 제자들 앞에 예수님이 무릎을 꿇고 수건과 대야를 가지고 제자들의 발을 씻겨 주셨습니다. 예수님이 자신을 비우신 것입니다. 정말 종의 리더십을 가지려면 우리 자신이 스스로를 비워야 합니다. 자신을 비우지 않고는 이웃들을 섬길 수가 없기 때문입니다.

물론 이 세족식을 하나의 의식으로 보느냐 그렇지 않느냐 하는, 교단에 따른 신학적 논쟁이 있을 수 있지만 이것도 예수님의 명령입니다.

"내가 본을 보이고자 제자들의 발을 씻겼으니 너희도 이렇게 해서 섬기는 것이 마땅하다."

이렇게 명령하셨으니 그대로 따르는 것입니다.

3. 성찬식

저는 성찬식도 비움의 의식이라고 생각합니다. 우리는 성찬식에서 큰 빵을 찢습니다. 예수님이 마지막 만찬을 제자들과 나누시는 장면을 보면 예수님은 4가지 동사를 사용하십니다. 떡(빵)을 취하시고, 떡(빵)을 축복하시고, 떡(빵)을 깨트리시고, 떡(빵)을 나누어 주셨습니다.

헨리 나우엔은 위의 4가지 동사에서 그리스도인의 정체성을 찾았습니다. 그는 자신이 쓴 《이는 내 사랑하는 자요》라는 책에서 이 4가지 동사를 가지고 크리스천의 정체성을 이야기했습니다. 이 떡(빵)처럼 주님은 우리를 선택하시고, 축복해 주셨습니다. 그러나 주님은 또한 우리를 깨트리셨습니다. 떡(빵)을 나누어주려면 깨트려야 합니다.

깨트려야 누군가에게 줄 수 있습니다. 우리가 깨어지지 않으면 이웃들에게 줄 수 없습니다. 이웃들을 섬기고 나누려면 우리가 깨져야 합니다. 주님은 깨지지 않은 사람을 온전히 쓰시지 않습니다. 우리는 깨져야 합니다. 우리가 깨지지 않으면 주님이 고난의 상황 속에 우리를 넣어서 깨지지 않을 수 없도록 만드십니다.

비움의 영성적 실천

이제 비움의 영성적 실천이 갖는 두 가지 중요한 의미를 살펴보겠습니다. 이것은 모든 것을 비우고 다만 주님만을 바라보는 것입니다. 우리가 주님을 비우는 가장 중요한 이유는 내가 욕심이나 생각으로 가득 차 있으면 주님을 바라보지 못하기 때문입니다. 주님만 바라보기 위해서 스스로를 비우는 것입니다. 또 하나는 이웃들을 사랑하고 섬기기 위해 스스로를 비우는 것입니다.

결국 두 가지입니다. 하나님을 사랑하고, 이웃을 사랑하는 것입니다. 이것이 가장 큰 계명입니다. 하나님을 사랑하고 이웃을 내 몸과 같이 사랑해야 합니다. 하나님을 제대로 사랑하고 이웃을 제대로 사랑하고 섬기려면 자신을 비워야 합니다. 깨져야 합니다. 자신을 비워야만 하나님도 사랑할 수 있고 이웃도 사랑할 수 있습니다.

우리 주 예수 그리스도의 은혜를 너희가 알거니와 부요하신 이로서 너희를 위하여 가난하게 되심은 그의 가난함으로 말미암아 너희를 부요하게 하려 하심이라 … 이제 너희의 넉넉한 것으로 그들의 부족한 것을 보충함은 후에 그들의 넉넉한 것으로 너희의 부족한 것을 보충하여 균등하게 하려 함이라 고후 8:9,14

이 말씀을 보면 초대 그리스도인들이 비움을 어떻게 실천했는지 알 수 있습니다. 살다보면 재물이나 물질이 넉넉할 수도 있고 부족할 수도 있습니다. 초대 그리스도인들은 필요한 것보다 더 많이 갖게 되면 '왜 하나님이 넉넉하게 주시지?'라고 생각했던 것 같습니다. 넉넉한 것은 부족한 이웃들의 것을 보충하라고 주신 것입니다. 살다보면 내가 부족할 수도 있습니다. 그때는 이웃들의 도움을 받을 줄 알아야 합니다. 교만한 사람은 그 도움조차 받아들이지 못합니다. 겸손한 사람이 도움도 줄 줄 알고, 받을 줄도 압니다. 초대 그리스도인들의 삶은 그런 의미에서 아주 자유로운 영성을 가지고 있었습니다. 그들은 정말 비움의 영성, 깨어짐의 영성을 갖고 인생을 살았다는 것을 알 수 있습니다.

고린도후서 8장 1,2절도 그런 그리스도인들의 삶을 보여주는 한 장면입니다.

형제들아 하나님께서 마게도냐 교회들에게 주신 은혜를 우리가 너

회에게 알리노니 환난의 많은 시련 가운데서 그들의 넘치는 기쁨과
극심한 가난이 그들의 풍성한 연보를 넘치도록 하게 하였느니라

고후 8:1,2

마게도냐 교회들이 받았던 은혜는 '주는 은혜'였습니다. 그
들 자신이 많은 시련 속에 있었습니다. 그들 자신이 극심한
가난에 시달리고 있었습니다. 그런데 예루살렘에 있는 성도
들이 기근으로 어렵다는 소식을 듣고 그들에게 풍성한 연보
를 넘치도록 했습니다. 그것도 억지로가 아니라 넘치는 기쁨
을 갖고 했습니다.

이것은 자신을 비운 사람이 아니면 할 수 없는 것입니다.
내 코가 석자인데 어떻게 남을 돕고 섬기겠습니까? 그러나 그
들은 자신들의 어려움 속에서도 예루살렘의 기근 당한 이들을
돕기 위해서 자기들의 모든 것을 비우고 내어줄 수 있었습니
다. 이것이 비움의 영성을 갖고 살았던 삶의 모습입니다.

채움(pleros)의 영성

'비움'은 기독교 영성의 하나의 측면입니다. 또 다른 측면은
'채움'입니다. 이것은 동전의 양면 같은 것입니다. 불교의 영성
이나 다른 종교의 영성에서는 비움을 강조할 뿐 채움에 대해

서는 강조하지 않습니다. 그러나 기독교 영성의 독특성은 바로 비움만 강조하는 것이 아니라 채움도 강조하는 것입니다.

'채움'이라는 단어, '충만'이라는 단어는 희랍어로 'pleros' 혹은 'pleroma'라고 합니다. 성경이 얼마나 채움을 많이 강조하는지 한 번 찾아보겠습니다.

우리는 앞에서 그리스도는 다 비우신 분이라고 배웠습니다. 이 땅에 오실 때부터 하늘의 영광을 비우고 오신 분입니다. 그런데 비우셨다는 단어를 두고 신학자들 간에 논쟁이 있는데, 만일 예수님이 하나님도 비우셨다면 하나님이 아니지 않느냐고 합니다. 하지만 예수님은 결코 신성은 포기하지 않으셨습니다.

말씀이 육신이 되어 우리 가운데 거하시매 우리가 그의 영광을 보니 아버지의 독생자의 영광이요 은혜와 진리가 충만하더라 요 1:14

비우셨다는 말은 그가 하나님으로 받을 수 있는 모든 영광과 특권을 비우셨다는 것입니다. 이 땅에 오신 예수님 안에는 다 비우셨지만 그분에게는 여전히 충만함이 있었습니다. 특별히 은혜와 진리가 충만했습니다. 예수님이 충만하지 않으면 다 비워놓고 아무것도 없어서 줄 수 없었을 것입니다. 계속 비워내야 하니 계속 충만해야만 줄 수 있는 것입니다. 특별히 예수님은 은혜와 진리로 충만했기에 은혜와 진리를 우리에게 주실 수 있었던 것입니다.

하나님은 충만한 분이십니다. 그런데 바울은 하나님의 충만함이 성도들의 충만함이 되었으면 좋겠다고 말합니다.

> 능히 모든 성도와 함께 지식에 넘치는 그리스도의 사랑을 알고 그 너비와 길이와 높이와 깊이가 어떠함을 깨달아 하나님의 모든 충만하신 것으로 너희에게 충만하게 하시기를 구하노라 엡 3:18,19

하나님은 하나님의 충만으로 끝나시는 분이 아니라 그 충만을 우리에게 주고 싶어 하십니다. 바울은 이어서 이렇게 말합니다.

> 우리가 다 하나님의 아들을 믿는 것과 아는 일에 하나가 되어 온전한 사람을 이루어 그리스도의 장성한 분량이 충만한 데까지 이르리니 엡 4:13

성경이 얼마나 충만함을 강조하는지 모릅니다. 하나님의 충만, 우리의 충만, 예수님의 충만…. 골로새서 2장에서도 그리스도 안에는 신성의 모든 충만이 육체로 거하시는데, 거기서 끝나지 않고 우리도 그 안에서 충만해졌다고 합니다. 그리스도의 충만이 우리의 충만이 될 수 있어야 합니다.

그 안에는 신성의 모든 충만이 육체로 거하시고 너희도 그 안에서 충만하여졌으니 그는 모든 통치자와 권세의 머리시라 골 2:9,10

채움의 필요성

우리는 왜 채워져야 할까요? 그 이유를 찾기 위해 비워놓기만 하는 것이 왜 위험한지를 물을 수 있습니다. 이를 잘 보여주는 말씀이 있습니다.

더러운 귀신이 사람에게서 나갔을 때에 물 없는 곳으로 다니며 쉬기를 구하되 얻지 못하고 이에 이르되 내가 나온 내 집으로 돌아가리라 하고 가서 보니 그 집이 청소되고 수리되었거늘 이에 가서 저보다 더 악한 귀신 일곱을 데리고 들어가서 거하니 그 사람의 나중 형편이 전보다 더 심하게 되느니라 눅 11:24-26

어떤 사람이 집을 청소했습니다. 그랬더니 귀신 일곱이 들어와서 다 점령해버렸습니다. 이것이 빈집의 위험성, 예수님이 말씀하신 비유입니다. 그래서 비워놓기만 하면 안 되는 것입니다. 채워야 합니다. 그런데 무엇으로 채울 것인가도 중요한 문제입니다.

인생을 살다보면 흔들릴 때가 있습니다. 이런 일을 겪을 때 성경의 인물들은 어떻게 고백했는지 찾아봅시다.

> 나의 영혼이 잠잠히 하나님만 바람이여 나의 구원이 그에게서 나오는도다 오직 그만이 나의 반석이시요 나의 구원이시요 나의 요새이시니 내가 크게 흔들리지 아니하리로다 … 나의 영혼아 잠잠히 하나님만 바라라 무릇 나의 소망이 그로부터 나오는도다 오직 그만이 나의 반석이시요 나의 구원이시요 나의 요새이시니 내가 흔들리지 아니하리로다 시 62:1-6

만일 시편 기자가 그저 "나는 흔들리지 아니하리로다"라고만 했다면 저는 절망했을 것 같습니다. 제가 자주 흔들리기 때문입니다. 하지만 그 앞에 '크게'라는 단어가 들어가면서 '흔들리긴 흔들리지만 크게 흔들리진 않는다'가 됩니다. 우리가 크게 흔들릴 필요가 없는 이유는 바로 하나님을 바라보고 있기 때문입니다.

그런데 '하나님을' 바라본다고 하지 않고 '하나님만' 바라본다고 합니다. 2절에도 '오직 그만'이라고 나옵니다. 이 내용이 시편 62편 전체를 통해 반복됩니다. 62편 5-6절에도 하나님만이 나의 반석이고 소망이라고 나옵니다. 하나님만 바라보고 하나님으로 채워지면 부족함이 없기 때문입니다.

오래 전 스페인 아빌라에 테레사라는 분이 있었습니다. 이분은 수도원 원장이셨는데, 깊은 기도 속에 많은 기적을 체험하신 분입니다. 그런데 이 분이 어느 날 하나님 앞에 기도를 하는데 은혜가 부어지는 것을 느꼈습니다. 그러자 자기도 모르게 이런 기도를 하는 것입니다.

"하나님, 그만 주세요. 주님이면 됩니다. 주님이면 충분해요. 주님이면 넉넉해요. 하나님만으로 저는 족합니다."

이 기도는 오늘까지도 하나님만으로 족하다는 놀라운 고백으로 널리 회자되고 있습니다.

정말 하나님이 우리와 함께하시고 우리가 하나님으로 채워진다면 무엇이 더 필요하겠습니까? 그렇게 된다면 우리에게는 더 필요한 것이 없습니다. 다른 말로 하자면 성령으로 채워져야 합니다. 바로 성령의 충만입니다.

술 취하지 말라 이는 방탕한 것이니 오직 성령으로 충만함을 받으라 엡 5:18

또 성령으로 충만하면 반드시 성령의 열매를 맺게 됩니다. 보통 아홉 가지 열매라고 하는데, 열매라는 단어가 원문에 복수가 아닌 단수로 되어 있습니다. 엄격하게 말하면 한 인격 안에 있는 아홉 가지 특성을 의미합니다.

아홉 가지 열매는 다 한 인격을 지향합니다. 아홉 가지를 다 가지고 있는 대표적 인격이 예수님이십니다. 사랑으로 충만하시고, 희락으로 충만하시고, 화평으로 충만하시고, 오래 참음으로 충만하신 분은 예수님이십니다. 성령으로 충만하고 성령의 지배를 받으면 성령의 열매를 맺는데, 성령의 열매를 맺는다는 말은 결국 예수님을 닮는다는 말입니다.

오직 성령의 열매는 사랑과 희락과 화평과 오래 참음과 자비와 양선과 충성과 온유와 절제니 이같은 것을 금지할 법이 없느니라

갈 5:22,23

바울은 우리가 경건의 덕목들로 채워지기를 소망해야 한다고 말합니다. 욕심으로 채워지기를 바라는 것이 아니라 바로 이런 그리스도의 인격의 덕목들로 채워지기를 소망해야 합니다. 비워놓지 말고, 주님의 아름다운 인격으로 우리를 충만하게 채워야 합니다.

끝으로 형제들아 무엇에든지 참되며 무엇에든지 경건하며 무엇에든지 옳으며 무엇에든지 정결하며 무엇에든지 사랑 받을 만하며 무엇에든지 칭찬 받을 만하며 무슨 덕이 있든지 무슨 기림이 있든지 이것들을 생각하라 빌 4:8

비움과 채움의 순환적 역동성

비움과 채움이라는 두 가지는 순환적 역동성을 갖습니다. 예수님이 죽음을 통해 보이신 비움이 우리가 비울 수 있는 근거가 되었습니다. 목숨까지 드리는 것, 그보다 더 비우는 사건이 어디 있습니까?

그러나 그리스도는 죽기만 하신 것이 아니라 부활하셨습니다. 부활하심으로 우리를 도와주시고 우리를 채워주셨습니다. 그리스도의 죽음이 비움의 근거였다면 그리스도의 부활은 채움의 근거입니다. 우리는 비운 후에 살아 계신 주님과의 연합을 통해 자신을 채워야 합니다. 이것을 교리적 체험의 통시성이라고 합니다.

비움과 채움은 대체로 시간적입니다. 이는 채우기 위해서는 먼저 비워야 함을 말합니다. 내 욕심, 이기심, 쓸데없는 것을 다 비우면 하나님이 그 다음에 좋은 것으로 채워주십니다. 어떤 때는 비움과 채움이 동시에 일어날 수도 있습니다. 내가 비움과 동시에 성령이 임하셔서 그 순간 채워주실 때도 있습니다. 대체로 시간적이지만 동시에, 한 순간에 함께 일어날 수도 있습니다. 우리가 컵에 물을 비우면 그 순간 공기로 채워지는 것처럼 말입니다.

그런데 이것은 일생에 한두 번 있는 사건이 아닙니다. 비움과 채움은 반복적이고 지속적인 실천입니다. 날마다 비우고 날마다 채워야 합니다. "성령으로 충만하라"라는 말은 일생에 몇 번만 충만하면 된다는 것이 아니라 계속, 날마다 성령 충만을 사모해야 한다는 말입니다. 그러므로 날마다 영적 훈련을 게을리 하다 보면 어느 날 이상한 것으로 꽉 차 있는 자신을 발견하게 될 것입니다. 그러면 우리는 또다시 비우고 다시 성령으로, 은혜로, 그분의 사랑으로 채워야 합니다.

이를 위해 매일의 경건 실천으로 비울 것과 채울 것을 점검해야 합니다. 말씀을 묵상하는 일은 주님을 만나면서 비우고 채움을 반복할 수 있는 좋은 시간이 됩니다. 또한 성령 충만을 위한 기도를 생활화해야 합니다.

저는 한국 교회에 중요한 영향을 끼친 책 가운데 하나가 이용규 선교사님이 쓴 《내려놓음》이 아니었나 생각합니다.

그러나 그분이 내려놓았다고 손해본 것이 아닙니다. 몽골에서 얼마나 아름다운 사역을 이루어놓았는지 모릅니다. 몽

골 교육사역에 영향을 끼치고 거기서 책을 써서 한국을 깨웠습니다. 그리고 최근에 이용규 선교사님이 또 결단을 했습니다. 몽골 사역을 마무리하고 인도네시아로 떠났습니다. 몽골에서 성공적인 사역을 하고 있었지만 기도하는 가운데 하나님께서 떠나라고 하셨기 때문입니다. 하나님이 말씀하시니 떠나야 하지 않나 싶어 결단하고 떠나면서 《떠남》이라는 책을 썼습니다.

내려놓는다는 것이 얼마나 중요합니까? 내려놓을 때 내려놓고, 떠날 때 떠나는 모습은 아름다운 것입니다. 우리에게도 결국 다 내려놓는 순간이 옵니다. 내가 내려놓지 않아도 억지로 내려놓는 순간이 옵니다. 하나님이 내려놓으라고 하실 때 내려놓고, 하나님이 떠나라고 하실 때 떠나면 얼마나 좋습니까? 이 분은 비움에 대한 정말 좋은 교훈을 주었습니다.

이에 못지않게 좋은 책이 한 권 있습니다. 감리교단 이상혁 목사가 쓴 《채워주심》이라는 책입니다. 이 분은 미국 애리조나 호피 인디언들에게 선교했던 분입니다. 처음에 갔을 때는 아주 의욕이 넘쳤던 이 분은 많은 인구도 아니니 호피 인디언들을 모조리 바꾸어놓아야겠다고 생각했습니다. 때마침 보스턴에서 선교팀이 내려왔으니 힘을 합쳐서 이번 기회에 모두 하나님 앞으로 데려올 계획을 세웠습니다.

집집마다 축호전도를 하고 사흘간의 저녁집회를 계획했습니다. 낮에는 축호전도를 하고, 저녁에 교회로 초청해서 집회를 하는 것입니다. 축호전도를 다 했으니 저녁에 많이 올 줄 알았는데 몇 사람 오지 않았다고 합니다. 그 몇 사람도 저녁 식사를 하기 위해 왔을 뿐이었습니다.

이튿날 아침 다시 축호전도를 하기 위해 선교팀과 모였는데, 형제 하나가 "어제 우리 선교하는 방법이 잘못된 것 같습니다. 우리가 많이 가진 자로서 저들에게 굉장한 것을 나눠준 것처럼 태도가 교만했던 것을 하나님이 제게 말씀하셨습니다. 우리가 먼저 겸손하고 깨져야 합니다"라고 나누었습니다. 그날 기도회를 통해 하나님께 도전을 받은 이 선교사님은 전날과 전혀 다른 모습으로 복음을 전했습니다. 그러자 저녁집회가 사람으로 가득 찼다고 합니다.

그날은 집회 계획도 세우지 않고 성령님께 의탁해 집회를 인도했습니다. 보스턴에서 온 한 형제는 인디언들 앞에 무릎을 꿇었습니다.

"우리가 조금 많이 배웠다고 하지만 우리가 배워서 여러분들에게 나눠줄 수 있는 것처럼 교만한 마음으로 왔습니다. 저희 앞서 왔던 사람들도 그렇게 여러분을 대했을지 모릅니다. 저희들을 용서해주십시오. 저희들은 하나님 앞에 죄인입니다.

하지만 하나님이 주신 사랑이 너무 고마워서 그 사랑을 여러 분과 나누고 싶어서 왔을 따름입니다."

이런 고백으로 예배를 시작하자 갑자기 성령님이 임하셨습니다. 그리고 사람들은 움직이지 않았습니다. 성령님이 사람들을 붙잡으셨기 때문입니다. 그날 밤, 성령의 충만함이 임하시는 작은 부흥을 체험했습니다. 인디언들의 마음에, 선교단원들의 마음에도 임하신 성령님. 겸손하고 자기 자신을 낮추었을 때 성령의 놀라운 기름 부으심이 임하는 것입니다.

비움과 채움, 우리가 참으로 자신을 내려놓고 비울 수 있다면 정말 하나님은 우리를 채워주십니다. 그런 놀라운 삶을 우리가 살 수 있다면 살아 있는 영성의 증인들이 될 것입니다.

순례자의 묵상

- 로마서 1:28-32과 갈라디아서 5:19-21을 읽고 내가 비우고 버려야 할 육체의 욕심들이 무엇인가를 기록해보시시오.

CHAPTER 7

일상의 영성

무슨 일을 하든지 마음을 다하여 주께 하듯 하고 사람에게 하듯 하지 말라
이는 기업의 상을 주께 받을 줄 아나니 너희는 주 그리스도를 섬기느니라
골 3:23,24

영성은 하늘에서 만들어지는 것이 아닙니다. 우리의 지상 생애, 날마다의 삶의 현장 속에서 빚어지고 만들어지는 것입니다. 《천로역정》을 보면 주인공인 순례자 크리스천이 바라보고 소망하는 것은 시온의 성이지만, 이 책 전체에는 그가 살아가는 하루하루의 삶 속에서 벌어지는 이야기가 담겨 있습니다. 하루하루의 싸움, 하루하루의 시험, 하루하루의 기쁨과 같은 것들이 다루어집니다. 그리고 크리스천을 돕는 여러 사람들 — 전도자들, 해석자들, 목자들도 등장합니다. 이런 이야기들을 통해 우리가 어떻게 주님을 만나고, 시험을 극복하며, 고난을 넘어서서 자신의 삶을 빚어갈 수 있는지를 보여

주는 것입니다.

　책에 나오는 명칭들이 지금 우리가 사용하는 것과 다를 수도 있지만, 순례자 크리스천이 걸었던 일상은 오늘 우리가 걸어가고 있는 일상과 전혀 다르지 않습니다. 그가 통과했던 겸손의 골짜기를 우리도 통과하고, 그가 통과했던 사망의 음침한 골짜기를 우리도 통과하고, 그가 의심의 성에 갇혔던 것처럼 우리도 의심의 성에 갇히고, 그가 허영의 시장에서 받았던 유혹을 우리도 받습니다. 그런 의미에서 저는 《천로역정》이 다루고 있는 중요한 영성 중 하나가 '일상의 영성'이라고 생각합니다.

일상의 내가 진짜 나다

　저는 일상의 영성을 아름답게 빚은 모델이 될 수 있는 인물로 로렌스 형제(Brother Lawrence, 1614-1691)를 소개하고 싶습니다. 파리 근교의 카르멘 수도원에서 수사로 일했던 그의 본명은 니콜라스 헐먼이지만 사람들은 그를 그냥 '로렌스 형제'라고 불렀습니다. 그는 수도원에서 회계와 요리를 맡아 일했습니다. 그가 쓴 《하나님의 임재 연습》이라는 책은 1600년대에 쓰였지만 지금까지도 좋은 책으로 읽히고 있습니다.

　이 책은 일종의 일기인데, 부록으로 수도원 원장이 로렌스 형제의 일상을 지켜보면서 그가 살아가는 모습을 증언한 내용이 실려 있습니다. 보다 객관적인 증언이라고 할 수 있겠습니다. 그 부록에 이런 대목이 나옵니다.

로렌스 형제가 부엌에서 그릇을 닦고 있는 모습을 보면, 마치 경건한 사제가 성찬을 집례하듯 엄숙하다. 그릇을 다 닦고, 임무를 완수한 뒤 부엌에서 함께 일하는 동료들이 빠져나가기를 기다린다. 그리고 부엌이 성소인 양 무릎을 꿇는다. 그리고 그는 하나님 앞에 오래 머무른다. 부엌에서 나오는 그의 얼굴에는 형언할 수 없는 거룩한 빛이 있음을 본다. 우리는 그와 대화하면서 때로는 예수님의 음성을 듣는 것 같은 착각이 든다. 그의 손을 만지면 예수님의 손을 만지는 것 같았다. 그는 우리에게 예수님을 보여주고 있었다.

그러니까 그는 대단한 설교를 했던 사람도 아니고, 성찬을 집례한 사제도 아니었지만 일상생활에서 하나님과 동행하고, 그분의 임재를 경험하며, 그 임재를 드러내는 삶을 살았습니다. 성경도 우리에게 일상의 영성을 매우 강조합니다.

그리스도의 말씀이 너희 속에 풍성히 거하여 모든 지혜로 피차 가르

치며 권면하고 시와 찬송과 신령한 노래를 부르며 감사하는 마음
으로 하나님을 찬양하고 또 무엇을 하든지 말에나 일에나 다 주 예
수의 이름으로 하고 그를 힘입어 하나님 아버지께 감사하라 아내
들아 남편에게 복종하라 이는 주 안에서 마땅하니라 남편들아 아
내를 사랑하며 괴롭게 하지 말라 자녀들아 모든 일에 부모에게 순
종하라 이는 주 안에서 기쁘게 하는 것이니라 아비들아 너희 자녀
를 노엽게 하지 말지니 낙심할까 함이라 종들아 모든 일에 육신의
상전들에게 순종하되 사람을 기쁘게 하는 자와 같이 눈가림만 하
지 말고 오직 주를 두려워하여 성실한 마음으로 하라 무슨 일을 하
든지 마음을 다하여 주께 하듯 하고 사람에게 하듯 하지 말라 이는
기업의 상을 주께 받을 줄 아나니 너희는 주 그리스도를 섬기느니
라 골 3:16-24

여기서는 남편과 아내의 관계, 자녀와 부모의 관계, 또 종
과 상전의 관계에 대해 이야기합니다. 남편과 아내, 자녀와
부모의 관계는 가정, 종과 상전의 관계는 직장이라고 할 수
있습니다. 이런 일상의 삶에 대한 권면을 이어가다가 갑자기
"무슨 일을 하든지 마음을 다하여 주께 하듯 하고 사람에게
하듯 하지 말라 이는 기업의 상을 주께 받을 줄 아나니 너희
는 주 그리스도를 섬기느니라"라는 말씀이 나옵니다.

우리는 '그리스도를 섬기는 삶'이라고 하면 전도하는 것, 교회에서 봉사하는 것들을 생각합니다. 하지만 이 말씀이 주어지는 배경을 볼 때 예수님을 섬기는 일이 교회 안에서만 아니라 가정과 일터에서 이루어져야 하는 것임을 알 수 있습니다. 그러니까 가정에서든 직장에서든, 무슨 일을 하든 주께 하듯 해야 한다는 것입니다.

부엌에서 설거지를 하든 직장에서 일을 하든 우리가 그것으로 주님을 섬긴다고 생각한다면, 그 일에 임하는 태도가 얼마나 달라지겠습니까? 사람은 나를 알아주지 않을지라도 그 일로 하나님을 기쁘시게 할 수 있다니 말입니다. 이렇게 한다고 해서 월급이 올라가는 건 아니지만 주님이 내 성실함에 대해 상급을 주신다고 나와 있습니다.

이렇게 살기 위해서는 우리 삶의 우선순위가 정비되어야 합니다. 먼저는 우리에게 경건한 삶이 있어야 합니다. '경건의 삶'이라고 하면 전통적으로 말씀보고, 찬양하고, 기도하는 삶을 말합니다. 우리가 말씀과 찬양과 기도로 하나님을 경험하는 삶을 살 때, 일상에서도 제대로 된 삶을 살 수 있습니다. 주님이 주시는 힘으로 일상의 삶을 슬기롭게 감당할 수 있기 때문입니다. 이것이 경건 실천의 우선순위입니다. 일상의 승리를 위해서, 제대로 예배하고 제대로 QT하는 것은 하루하루를 제대로 살기 위해 꼭 필요한 일입니다.

일상에서 드리는 짧은 기도

일상의 영성이 만들어지기 위해 또 하나 필요한 것은 짧은 기도입니다. 우리의 바쁜 일상은 충분하고도 깊은 영성에 도달할 시간의 여백을 허용하지 않습니다. 이슬람 사람들은 하루에 다섯 번씩, 정해진 시간이 되면 일하다가도 엎드려 기도하는데 우리는 그러지를 못합니다. 그러나 우리의 신앙 선배들은 이런 바쁨의 일상 속에서도 하루를 온전히 기도 안에 머물게 하고자 여러 영성의 방편들을 활용했습니다.

1. 짧고도 강력한 화살기도

그 대표적인 기도가 화살기도(Arrow Prayer)입니다. 이런 기도는 일상의 순간순간에 짧게 기도함으로 일상을 기도로 걷게 하는 영성 훈련의 한 방편이었습니다. 화살기도는 내가 기도할 제목의 핵심을 주께 쏘아 올린다는 의미로 붙여진 이름입니다. 또는 숨 쉬는 순간순간을 사용해서 깊은 호흡과 함께 짧은 기도를 드린다고 해서 숨기도(Breath Prayer)라고도 불렸습니다.

순례자 크리스천이 사망의 음침한 골짜기를 통과하면서

사용한 무기가 바로 짧고도 강력한 화살기도입니다. 그는 말씀을 붙잡고 이렇게 기도했습니다.

"주께 구하오니 내 영혼을 건지소서"(시 116:4).

화살기도는 4세기에 살았던 유명한 성 어거스틴이 그의 편지(Letter 130)에서 처음 권한 것으로 알려져 왔습니다. 이것은 궁극적으로 사도 바울의 "쉬지 말고 기도하라"(살전 5:17)라는 권면에 순종하고자 한 진지한 적용에서 비롯된 것입니다.

화살기도의 유래에 대해 전해지는 이야기가 있습니다. 수도원 중에는 한 번 들어가면 아예 세상과 단절된 곳에서 평생을 보내야 하는 곳이 있습니다. 이것을 봉쇄 수도원이라고 합니다. 봉쇄 수도원 말고 열린 수도원도 있는데, 그곳에는 일상과 접촉하며 수도생활을 하는 사람들도 있습니다. 그런가하면 성직자의 개념이 아닌 평신도의 개념으로 일정한 시간을 수도원에서 지내다 나오는 사람도 있었습니다.

수도원에서는 사람들의 영성이 잘 빚어질 수 있도록 일정한 기도시간을 갖게 합니다. 그래서 수도원에서는 종이 울리면 일을 하던 중이라도 예배실이나 기도실에 들어가 엎드려 기도하도록 했습니다. 수도원에서는 일반적으로 하루에 종을 일곱 번 울립니다. 하루에 일곱 번을 기도하면서 보낸다면, 비록 하나의 형식이라 해도 얼마나 주님과 가까워지겠습니까?

이 전통은 사도행전까지 계속되었습니다. 사도행전을 보면 '제9시 기도시간'이 나오는데 우리의 시간으로는 오후 3시를 말합니다. 유대인들은 아침에 일어나서 한 번, 점심시간에 한 번, 오후 3시에 한 번 정해놓고 기도했습니다. 세 번이든 일곱 번이든 하루에 정해진 시간에 기도실에 들어가 기도하며 하루를 산다면 얼마나 영성이 잘 유지되겠습니까?

영성을 훈련하는 방법으로 QT도 좋지만, QT는 오랫동안 그 효율성을 지속하기가 어렵다는 단점이 있습니다. 그래서 영성생활을 훈련하는 분들은 아침에 20분 정도 QT시간을 갖고, 점심 무렵에 10분간 기도하는 시간을 갖고, 저녁에 기도하는 시간을 가진다고 합니다. 그러면 하루 종일 기도하는 분위기 속에서 살 수 있다고 합니다.

임시로 수도원에 들어와서 일정한 시간을 보내고 다시 세속사회로 돌아가는 사람들에게 수도사들은 이런 권면을 하곤 했습니다.

"세상에 나가면 종을 쳐주는 사람이 없습니다. 그러니 당신이 수도원에서 일곱 번 기도하던 것과 동일한 시간에 맞춰서 하루에 일곱 번 기도를 하십시오. 어디 있든지 무얼 하든지 숨을 한 번 쉬고, 숨을 쉴 때 짤막한 기도를 한 번 하도록 하십시오."

아침에 일어나 침대에서 눈을 떴을 때 숨 쉬기부터 하십시오. 숨을 쉬면서 "하나님, 하루를 주셔서 감사합니다. 오늘 하루를 부탁드립니다"라고 기도하는 겁니다. 그리고 출근하기 전에 숨을 쉬면서 "제가 출근합니다. 주님 도와주세요"라고 기도합니다. 그렇게 출근해서 일하다가 점심시간이 가까워 올 무렵에 한 번 숨을 쉬면서 "주님과 잘 동행하며 살게 해주세요"라고 기도하고, 오후에 일하다가 짜증이 밀려올 무렵 숨을 한 번 쉬면서 "주님, 평화를 주셔서 제가 성질내지 않게 도와주십시오"라고 기도하라는 것입니다. 마치 화살을 쏘듯 한마디씩 기도하는 것입니다. 이렇게 하나님 앞에서 한마디 기도하는 것, 이것을 화살기도라고 부르기 시작했습니다.

성경에는 짤막한 기도의 실례들이 많이 나옵니다. 아브라함의 종이 주인 아들의 신붓감을 구하러 가면서 한 기도를 보십시오.

"저의 길을 순적하게 하옵소서."

이 외에도 기드온의 "저에게 사인을 보여주세요", 솔로몬의 "저에게 지혜를 주세요", 아사의 "저희를 도우소서", 느헤미야가 성을 쌓으며 했던 "내 손을 힘 있게 하옵소서", 제자들이 예수님 앞에서 드린 "기도를 가르쳐 주옵소서", 베드로가 갈릴리에서 물속에 빠질 때 드렸던 "주여, 저를 구원해주십시오"

라는 기도들을 떠올려보십시오. 만약 물에 빠진 베드로가 길게 기도했다면 어떻게 되었을까요?

"전지전능하시고 무소부지하신 하나님. 제가 지금 물에 빠지려 하고 있나이다."

그랬다면 기도가 끝나기도 전에 큰일이 났을 겁니다. 그럴 시간이 없습니다. 이때는 "주님, 구해주세요"라는 한마디가 중요한 기도입니다. 또 십자가 옆에서 회개한 강도의 "저를 기억해주세요"와 같은 것들이 화살기도입니다.

2. 일상의 강력한 능력, 숨기도

숨기도를 훈련한 이유는 그냥 기도가 잘 안되기 때문입니다. 신앙의 선배들이 수도원에서 빌려온 지혜가 숨 쉬며 기도하라는 것입니다. 짤막한 기도에 호흡과 함께하는 기도를 매칭시킨 것으로, 사실은 화살기도나 숨기도나 같은 말입니다. 숨을 한 번 쉬고 짤막한 기도를 하는 것인데, '숨에 실어서 기도한다', 혹은 '숨 쉴 때 리듬을 살려서 기도한다'라는 의미입니다.

숨기도는 아주 오래 전부터 사용되어온 영성 훈련의 방법이었고, 수도사들이 즐겨 사용한 기도 방법이기도 합니다. 타종교에서도 명상 수련을 할 때 호흡 수련을 중요하게 여깁니다. 일반 계시의 영역이 있기 때문에 호흡의 중요성을 동일하게 인식하고 강조하지만 존재론적인 의미를 인식하지 못하며, 기도의 대상에 대한 인식이 부재하기 때문에 기도의 차원까지는 나아가지 못합니다. 하지만 기독교 영성 수련에서는 이 기도가 성경적이고 존재론적인 이유를 갖고 있습니다. 우리는 그 이유를 '호흡'이라는 단어에서 찾아볼 수 있습니다.

'호흡'의 원어를 살펴보면, 놀랍게도 '성령'이라는 단어와 근원이 같습니다. '호흡'은 히브리어로 '루아흐'(ruach)인데, '성령', '영', '생기', '생명', '바람'으로도 번역됩니다. 헬라어로는 '프뉴마'(pneuma)가 쓰이는데, 이도 마찬가지로 '성령'으로 번역될 수 있습니다.

그렇다면 왜 '성령'과 '숨'이 동일한 단어로 사용되었을까요? 요한복음에 보면 부활하신 예수님이 제자들과 만났을 때 "이 말씀을 하시고 그들을 향하사 숨을 내쉬며 이르시되 성령을 받으라"(요 20:22)라고 하셨습니다. 어쩌면 보이지는 않지만 숨이 있어야 생명인 것처럼, 성령을 의존하는 것이 우리 영적 생활의 근원임을 가르치기 위해 이렇게 사용되었는지도 모르겠습니다.

한국 기독교 초기에 오셨던 선교사님들 가운데 침례교 선교사로 오신 펜윅이라는 분이 있습니다. 이 분은 원산에 들어가서 토착민의 옷을 입고 농사를 지으며 전도하셨습니다. 아펜젤러나 언더우드처럼 잘 알려지지는 않았지만 특이한 선교의 모본을 보였던 분입니다. 캐나다 YMCA 출신으로 침례교적 신앙의 단순성에서 신앙의 장점을 발견하고 평신도로 한국에 왔다가 나중에 침례교 목사가 되어 사역하셨습니다. 학문적 배경이 많지는 않았지만 부지런하고 열정이 있어서 혼자 신약성경을 다 번역하셨을 정도입니다. 그 번역이 《만민좋은기별》인데, 이 분의 번역에서 특이한 것 중 하나가 바로 '성령(Holy Spirit)이 가라사대'를 '숨님이 가라사대'로 번역한 것입니다.

우리가 호흡할 때마다 성령을 느낄 수 있다면 얼마나 친근하게 성령님을 경험할 수 있겠습니까? 그래서 호흡을 할 때마다 성령을 느끼고, 임재를 경험하고, 기도할 수 있다면 숨과 기도를 연결시키는 놀라운 영적 삶이 가능할 수 있습니다.

3. 위기의 순간에 드리는 짧은 기도

그렇다면 실제로 이것을 어떻게 적용할 수 있을까요? 짧은 기도, 화살기도는 우리가 인생을 살면서 만나게 되는 날마다의 위기를 관리하는 데 큰 도움을 줄 수 있습니다.

• 중요한 결정의 순간에

예를 들어 우리가 어떤 중요한 결정의 순간에 직면했다고 합시다. 인생의 아주 중요한 결정을 지금 이 순간 해야 합니다. 그런데 결정하기 전에 "잠깐만요, 저 기도 좀 하고 오겠습니다"라고 할 수는 없습니다. 이럴 때 짧은 기도를 적용해 볼 수 있습니다. 숨을 한 번 쉬고, '주님, 지혜를 주세요. 이거 어떻게 결정하나요?'라고 속으로 한마디 기도하는 것입니다.

느헤미야는 왕을 가까이에서 모시는 신하였습니다. 어느 날 느헤미야의 얼굴이 좋지 않자 왕이 물어봅니다.

"네 얼굴에 근심이 있어 보이는데 무슨 일이 있느냐?"

그러자 느헤미야는 '이때야말로 내가 왕에게 성을 건축하고 싶다고 이야기를 할 때구나'라고 생각합니다. 느헤미야는 이 일을 놓고 4개월 동안 기도하고 있었습니다. 그러다 결정적인 순간이 찾아온 것입니다.

성경은 이 장면을 "왕이 내게 이르시되 그러면 네가 무엇을 원하느냐 하시기로 내가 곧 하늘의 하나님께 묵도하고"(느 2:4)라고 묘사합니다.

묵도했다고 하니 느헤미야가 왕 앞에서 눈을 감고 기도했을까요? 전 그렇게 생각하지 않습니다. 그는 속으로 '하나님 도와주세요. 왕이 제 말에 잘 응답할 수 있도록 도와주세요'

라고 짧게 기도했을 것입니다.

기도할 때 숨을 한 번 쉬는 것은 우리가 기도한다는 것을 자기 자신에게 잘 알리기 위함입니다. 우리는 위기의 순간 앞에서 이런 짤막한 기도를 드릴 수 있습니다.

• 심각한 스트레스에 놓였을 때

우리가 일을 하다 심각한 스트레스를 느낄 때, 목이 뻐근하거나 어깨가 뻐근할 때도 호흡을 한 번 길게 하면 도움이 된다고 합니다. 그러면서 주님의 도우심을 구하는 기도를 한마디 하면 됩니다. 어떤 일을 생각할 때 머리가 아프고 근심이 된다면 숨을 쉬면서 '주님, 주께 맡깁니다'라고 할 수 있습니다.

아무것도 염려하지 말고 다만 모든 일에 기도와 간구로, 너희 구할 것을 감사함으로 하나님께 아뢰라 빌 4:6

이는 염려할 모든 것을 기도로 바꾸라는 말씀입니다. 여기에 쓰인 '염려'라는 단어는 희랍어로 '마음이 나누어진다, 찢어진다'라는 뜻이라고 합니다. 그것이 바로 스트레스입니다. 그러니까 염려할 거리가 생기면 그리스도인에게는 그것이 기도할 거리가 되는 것입니다. '어떻게 하지?'라며 걱정만 하지 말고 기도해야 합니다. 즉각적으로 그것을 놓고 기도해야 합니다. 물론 나중에 시간이 있을 때 충분히 기도할 수도 있지만 상황이 급할 때는 화살기도를 해보십시오.

• 분노(화)가 차오를 때

분노가 많아질 때도 이 짧은 기도를 드려보십시오. 성경은 "분을 내어도 죄를 짓지 말며 해가 지도록 분을 품지 말고"(엡 4:26)라고 했습니다. 저는 이 말이 얼마나 감사한지 모릅니다. '크리스천은 결코 분을 내면 안 된다'라고 했으면 저는 크리스천이 되기가 어려웠을 것입니다. 그런데 여기서는 분을 내는 것 자체를 정죄하지 않았습니다.

살면서 한 번도 화를 내지 않기는 어렵습니다. 이 말씀은 분을 내더라도 그것이 죄가 되도록 하지 말아야 한다고 합니다. 그러기 위해서는 해가 질 때까지 분을 품지 말고 그 전에 해결하라고 말합니다. 되도록 빨리, 분이 축적되지 않도록 풀어야 한다는 것입니다.

이럴 때 분을 해소하는 방법 중 하나가 숨기도입니다. 화가 날 때, 즉각적으로 들숨과 날숨을 쉬고 기도해보십시오.

"저 사람을 용서하옵소서."

이것이 얼마나 많은 분노를 해소하게 하는지 모릅니다.

• 혼란스러운 생각이 들 때

예레미야는 때로 생각 자체가 재앙이 될 수도 있다고 말합니다. 우리의 마음이 재앙에 대한 생각, 비참한 생각으로 꽉 찰 때가 있습니다. 그럴 때는 그 생각 자체를 앞에 놓고 주님의 도움을 구하십시오. 숨을 한 번 쉬고, "살아 계신 주님, 저 좀 도와주세요"라고 간구하십시오. 한 번으로 안 되면 또 해보십시오. 신앙인에게도 안 좋은 생각이 올 수는 있지만 그 생각이 우리에게 머물지 않고 지나가도록 해야 합니다.

"새들이 내 앞을 지나가는 것은 어쩔 수 없다. 그러나 그 새들이 내 머리에 둥지를 틀지 못하도록 쫓을 수는 있다."

어거스틴의 유명한 말입니다. 혼란스러운 생각들이 내게 머물지 못하도록 즉각적으로 관리해야 하는데, 그에 좋은 방법이 바로 숨기도입니다.

• 과도한 피로가 쌓일 때

우리는 삶에서 많은 피곤을 느낍니다. 젊은이도, 늙은이도 마찬가지입니다. 피곤해서 넘어질 수도 있지만 그때 우리가 여호와를 앙망하면, 하나님을 바라보면 새 힘이 주어집니다.

너는 알지 못하였느냐 듣지 못하였느냐 영원하신 하나님 여호와,
땅 끝까지 창조하신 이는 피곤하지 않으시며 곤비하지 않으시며 명
철이 한이 없으시며 피곤한 자에게는 능력을 주시며 무능한 자에게
는 힘을 더하시나니 소년이라도 피곤하며 곤비하며 장정이라도 넘
어지며 쓰러지되 사 40:28-30

이럴 때 하나님을 바라볼 수 있는 방법 중 하나가 숨기도
입니다. 아주 힘들고 피곤할 때 숨을 쉬면서 하나님을 바라
보고 도움을 구해보십시오. 그러면 새 힘이 생길 것입니다.

짧은 기도로 이어나가는 영성적인 하루

그렇다면 이런 숨기도, 짤막한 기도와 함께 살아가는 하루
는 어떨지 한 번 그려봅시다.

우선, 아침에 눈을 뜨면 침상에 누운 채로 심호흡을 몇 차
례 합니다. 알람을 조금 여유 있게 설정해두고 알람이 울리면
바로 일어나지 말고 심호흡부터 하는 겁니다. 그리고 "하루
를 주셔서 감사합니다. 새 날을 주셔서 감사합니다"라고 기
도하고 일어납니다.

일어난 후에는 몸 기도(body prayer)를 합니다. 제가 처음
신앙생활을 하던 시절에는 가만히 서서 찬송가를 들고 찬양

만 불렀습니다. 하지만 요즘 젊은이들은 찬양을 하며 손을 흔들기도 하고 뛰기도 합니다. 그것을 몸 찬양이라고 합니다. 기도도 몸으로 할 수 있습니다.

예를 들면 이런 것들입니다.

- 손을 깍지 끼고 머리 위로 올리며 "주님을 붙드나이다"라고 기도합니다.
- 양 팔을 벌리고 위 아래로 움직이며 "주를 찬양하나이다"라고 기도합니다.
- 팔을 벌린 채로 옆으로 서서 옆구리 운동과 함께 "주와 함께 날게 하소서"라고 기도합니다.
- 제자리에서 걸으며 "주와 함께 걷나이다"라고 기도합니다.
- 제자리에서 뛰며 "주와 함께 달리나이다"라고 기도합니다.
- 두 사람씩 짝을 지어 앞 사람 어깨를 주무르며 "주님의 이름으로 섬기겠습니다"라고 기도합니다.

아침에 일어나서 이렇게 하면 잠도 쉽게 깰 수 있습니다. 그런 후에 말씀 묵상의 시간을 갖고, 감사한 마음으로 아침을 천천히 먹습니다. 감사로 하루를 시작하는 것입니다. 아침이 하루를 지배하기 때문에 아침에 감사하는 마음으로 하루를 출발하는 것은 중요합니다.

점심식사 전후에 잠깐 자신만의 한적한 곳을 찾아 5-10분만이라도 기도합니다.

"하나님 감사합니다. 나머지 하루도 잘 버틸 수 있도록, 무사히 지나갈 수 있도록 도와주세요."

이렇게 기도하며 영적인 마음으로 일하라는 것은 모든 일을 주께 하듯 하라는 뜻입니다. 예전 수도원에서는 기도만 한 것이 아니라 일도 했습니다. 수도원에서 강조해오는 것 중 하나가 '노동이 기도이고, 기도가 노동'이라는 것입니다. 기도하면서 노동하고, 노동하면서 기도하라는 말입니다. 그렇게 되면 노동이 그냥 노동이 아니라 영적 노동이 됩니다.

그리고 일을 할 때는 사랑과 평화의 인간 관계를 추구해야 합니다. 모든 것은 관계에서 결정됩니다. 할 수 있는 한 모든 사람과 더불어 평화하라고 하셨으니, 사람들과 사랑과 평화의 관계를 추구해야 합니다.

이렇게 영성 노동을 마친 후 저녁 시간의 중요한 삶의 습관으로 가족의 하루 이야기를 경청하면 좋습니다. 시간을 내어서 가족과 함께 앉아 서로 하루를 어떻게 지냈는지 물어보고 들어봅니다. 이렇게 가족이 몇 마디 묻고 대화하는 시간을 가지면 얼마나 좋겠습니까?

그런 후에 저녁이나 취침 전에 홀로 잠깐 침묵 시간을 가져 보십시오. 짤막한 기도를 함께하면 좋습니다. 이때는 하루에 대해서 감사하는 기도를 잊지 맙시다.

이렇게 하루를 보내는 가운데 중요한 것은 정해진 기도 시간을 갖고 기도를 수행하는 것입니다. 유대인들처럼 하루에 최소한 세 번 정도 하면 좋습니다.

우리에게는 쉼의 시간도 필요합니다. 저마다 쉬는 방법은 다를 수 있습니다. 정신노동을 하는 사람들에게는 육체적인 노동이, 육체노동을 하는 사람들에게는 정신노동이 쉼이 되기도 합니다. 어떤 사람은 일이 쉬는 것이 될 수 있기에 자기만의 창조적인 방법으로 쉼을 추구하는 것이 좋습니다.

영성적 일상을 위한 가이드 라인

마지막으로, 우리가 영성적 삶을 살아가기 위해 따르면 좋은 몇 가지를 권면하고 싶습니다.

1. 시간의 우선순위를 따라 살아야 합니다. 급하고 바쁜 일이 꼭 중요한 일은 아닐 수 있습니다. 우리는 중요하지 않은 일을 거절할 수 있어야 합니다. 그러면 시간이 남을 수 있습니다. 불필요한 시간, 쓸데없는 시간을 줄여야 합니다. 그러면

정말 중요한 일에 집중할 수 있습니다. 우리에게 무엇보다 우선되어야 할 것은 하나님과 만나는 시간이어야 합니다.

2. 하나님과 함께하는 시간을 먼저 약속합니다. 어떤 사람은 6시, 어떤 사람은 7시, 어떤 사람은 8시, 가정주부라면 아이들을 학교에 보낸 후 10시 정도가 좋을 수도 있습다. 중요한 것은 하나님과 함께하는 시간을 먼저 약속해놓는 것입니다.

3. 천천히 걷는 기도의 산책 시간(prayer walk)을 갖습니다. 산책만 하는 것이 아니라 걸으면서 속으로 기도하는 것입니다. 집 가까이서 할 수도 있고, 직장 근처에서 할 수도 있습니다. 아무데나 산책하는 것이 아니라 나무라도 있고 자연이 있는 공원 같은 곳에서 걸으면 더 좋습니다.

4. 가까운 곳에서 자연을 응시하는 습관을 들입니다. 자연을 많이 바라보면 그만큼 마음이 풍성해집니다.

5. 영성적 예술인 음악이나 시, 혹은 미술작품을 가까이 합니다. 음악이라고 해서 다 영성적인 것은 아닙니다. 음악 중에는 우리를 피곤하고 짜증스럽고 불안하게 만드는 것도 있습니다.

그런 음악 말고 우리의 마음을 부드럽게 만드는 조용한 찬양, 기도를 돕는 조용한 음악들을 듣습니다. 마음에 따뜻함이 다가오는 시, 미술작품을 가까이 하면 좋습니다.

6. 음식을 천천히 먹습니다. 식사시간에 서두르지 않고 천천히 먹습니다. 그러면서 자기 혼자 조용히 기도하는 시간으로 만들 수도 있습니다.

7. 이웃과 대화(전화)하면서 천천히 말하고 천천히 듣습니다.

8. TV나 컴퓨터, 핸드폰 등의 소음에서 자유로운 시간을 만듭니다. 일정한 시간만이라도 TV와 핸드폰을 끄고 조용히 하나님과 독대하는 시간을 갖습니다.

9. 자주 심호흡을 하고, 그때마다 호흡의 주인이신 하나님의 임재를 느끼며 짧은 기도를 드립니다.

10. 삶의 목적 못지않게 과정을 중시하는 영성적인 삶 곧 순간순간을 중시하는 삶을 추구합니다. 우리가 살고 있는 시대는 결과 중심의 사회입니다. 결과를 위해서 수단과 방법을 가리지 않

기 때문에 우리가 피곤해집니다. 목표와 결과 이외에 다른 것은 중요하지 않게 생각합니다. 그러나 진정한 영성적 삶을 위해서는 결과에 도달하기까지의 하루하루, 매 순간순간을 보람 있고 의미 있게 여겨야 합니다. 그럴 때 그 전체가 모여서 의미를 만드는 것입니다. 그러니까 결과나 목표 못지않게 과정도 중요하다는 것을 기억하십시오.

놓치지 마라

이런 면에서 저에게 깨달음을 준 이야기가 있습니다. 과거 수도원 원장을 지낸 분들 가운데 마르틴 루터에게 영향을 준 버나드(끌레르보에 베르나르도)라는 분이 있습니다. 이 분이 산 꼭대기에 있는 수도원의 원장으로 있을 때 수도사가 되기를 희망하는 한 젊은이가 수도원에 도착했습니다.

헐레벌떡 오는 청년에게 "어떻게 오셨나요?"라고 묻자 청년은 "수도사가 되고 싶어서 왔습니다"라고 말합니다. 버나드는 아직도 숨이 가라앉지 않은 청년을 지그시 바라보다가 이런 질문을 했습니다.

"숨이 많이 가쁘신가 봐요. 당신은 이 산을 올라오는 동안 무엇을 보셨나요?"

그러자 청년은 "저는 원장님을 만나려는 생각 외에는 아무

것도 생각하지 않고 올라왔습니다"라고 말했습니다. 그러자 버나드가 혀를 끌끌 차면서 이렇게 말했답니다.

"그럼 당신은 산을 올라오는 동안 이 산에 걸려 있는 구름도 보지 못하셨군요. 산골짜기에 맑은 샘물이 흐르는데 그 샘물의 노랫소리도, 새들의 노랫소리도 못 들으셨군요. 당신은 여기 올라오면서도 수많은 진리를 놓쳤습니다. 그런데 이 꼭대기에 올라와 무슨 진리를 찾겠다고 하십니까?"

하루하루의 과정 속에도 보석 같은 순간, 아름다운 순간이 얼마든지 있습니다. 매 순간 나뭇잎 하나보고 감격하고, 구름 한 번 보고 감격하며 즐거워하는 삶을 산다면 우리 일상이 얼마나 달라지겠습니까?

제가 좋아하는 켄 가이어라는 사람이 묵상집에서 들려준 이야기도 있습니다. 한 미국인이 멕시코로 관광을 갔는데, 시장에 들어서니 인디언 출신의 노인이 양파를 팔고 있었습니다. 지나가다가 얼마냐고 물어보자 가격을 말합니다.

관광객이 "제가 5줄을 사면 깎아주시겠습니까?"라고 하자 깎아주겠다고 했습니다. 관광객은 다시 "제가 10줄을 사면 깎아주시겠습니까?"라고 물었고, 인디언 노인은 역시 깎아주겠다고 했습니다. 마지막으로 관광객이 "그럼 제가 여기 있는 20줄을 전부 다 사면 얼마를 깎아 주시겠습니까?"라고 묻자,

그 인디언 노인이 관광객을 바라보더니 "안 팔아요"라고 했답니다. 관광객이 노인에게 "장사하러 나왔는데 왜 안 판다고 하시죠?"라고 묻자 노인은 말했습니다.

"이걸 지금 다 팔아버리면 오늘 하루 내 삶이 없어집니다. 이 시장에는 제가 좋아하는 아이들이 있는데 그 아이들과 대화를 할 수가 없어요. 또 내 친구들이 많은데 그들과 함께 누릴 수 있는 삶이 없잖아요. 여기 보세요. 태양이 얼마나 따사로운지. 나는 이 햇빛도 즐길 수가 없잖아요. 지금 이걸 다 팔아버리면 오늘 내 삶이 없어집니다."

우리가 오늘 하루 이런 삶의 부요함을 누릴 수 있다면, 우리 삶의 모습이 얼마나 달라질까요? 우리가 그것을 놓치고 살고 있지는 않은지 생각해봅시다. 숨 쉬는 순간순간마다 하나님의 아름다움을 묵상하고, 하나님의 임재를 체험하고, 하나님이 창조하신 아름다운 세상을 바라볼 수 있다면 우리의 삶이 얼마나 부요해지고, 얼마나 멋지게 달라지겠습니까?

순례자의 묵상

· 나에게 적합한 영성적인 라이프 스타일을 찾아 정리해봅시다.

CHAPTER 8

거룩한 전투의 영성

우리의 씨름은 혈과 육을 상대하는 것이 아니요 통치자들과 권세들과
이 어둠의 세상 주관자들과 하늘에 있는 악의 영들을 상대함이라
엡 6:12

인생은 어떤 의미에서 전쟁터라고 할 수 있습니다. 세상에서 일어나고 있는 수많은 전쟁 못지않게 우리 내면에서도 항상 전쟁이 일어나고 있습니다. 또 인간관계 속에서도 쉴 새 없는 갈등과 싸움이 벌어지고 있다는 것을 우리는 부인할 수 없습니다.

바울은 에베소서 6장 12절에서 그리스도인의 삶을 가르치며 '씨름'이라는 단어를 사용합니다. 이 단어는 사실 '싸움'을 뜻합니다.

유진 피터슨은 현대인들이 알아듣기 쉽게 성경을 풀어놓았는데, 거기서 이 구절을 이렇게 옮겼습니다.

"이 싸움은 지구전 곧 마귀와 그 수하들을 상대로 끝까지 싸우는, 사느냐 죽느냐의 싸움입니다."

이처럼 우리는 영적 싸움을 날마다 싸우면서 인생의 길을 걷고 있습니다. 그리스도인의 순례길은 영적 싸움으로 점철된 길입니다. 마귀는 구원받지 못한 인간이 일차적으로 구원의 길로 들어서지 못하게 하고, 그럼에도 구원의 좁은 문을 통과하여 믿음의 길을 걷게 된 성도들에게는 그들을 이 길에서 낙오시키기 위한 모든 간계를 사용합니다.

'간계'라는 단어는 희랍어로 'Methodia'인데, 여기서 나온 단어가 바로 'Method'(방법)입니다. 따라서 여기서 '간계'라는 단어는 수단과 방법을 가리지 않고 온갖 것들을 사용한다는 의미입니다. 우리는 이런 마귀와 그 수하의 악한 영들과 접전하며 날마다의 삶을 살아야 합니다. 그러나 이런 전쟁의 길을 통과하여 성도의 영성이 성숙하게 빚어집니다.

존 버니언은 이런 영적 전쟁의 여러 측면을 그 어떤 책보다 리얼하게 성경적으로 묘사하고 가르칩니다. 그가 증거하는 영적 전쟁의 요소들을 크게 4가지 관점에서 성찰하고자 합니다.

세상으로 돌아가게 하는 유혹

유혹도 싸움입니다. 영적 싸움입니다. 유혹은 우리를 세상으로 돌아가게 합니다. 우리는 이제 세상을 떠나 그리스도에게 속한 사람들이지만, 이전의 세상으로 돌아가게 하려는 유혹과의 싸움은 계속됩니다.

크리스천은 순례길에서 고집을 만나는데, 고집은 그를 강압적으로 위협했습니다.

"돌아가라! 멸망의 도시로, 세상으로 다시 돌아가라!"

고집에게 세상은 너무나 소중한 보화가 가득한 곳이었습니다. 그렇기 때문에 이런 세상을 포기하는 어리석은 결단을 오히려 포기하고 다시 세상으로 돌아가자고 설득하며 고집을 부립니다. 이런 유혹과 도전 앞에서 크리스천이 자신을 지킨 말씀이 있었습니다.

예수께서 이르시되 손에 쟁기를 잡고 뒤를 돌아보는 자는 하나님의 나라에 합당하지 아니하니라 눅 9:62

우리는 이미 하나님나라의 시민이 되었습니다. 예수님을 믿는 순간 천국 백성이 됨으로 하나님나라의 시민권을 얻었습니다. 그런 우리가 하나님나라를 보고 살아야지, 세상을 보고 살아서는 안 됩니다.

그런가 하면 온순은 '절망의 늪'에 빠지자 천성의 길에 이런 늪이 있다면 더 이상의 순례는 의미가 없는 것이라며 포기하고 돌아갑니다. 크리스천도 같이 수렁에 빠졌기 때문에 자칫하면 함께 포기할 수 있었지만 크리스천은 포기하지 않고 도움을 기다립니다. 수렁에서 몸부림치면서도 기다리는 그에게 마침내 도움이 이릅니다. 그리고 도움을 통해서 수렁 바깥으로 나오며 그가 고백했던 말씀이 있습니다.

> 나를 기가 막힐 웅덩이와 수렁에서 끌어올리시고 내 발을 반석 위에 두사 내 걸음을 견고하게 하셨도다 시 40:2

이 도움의 정체는 보혜사 성령님이셨습니다. 재미난 것은 성령님을 우리말로는 '보혜사'(은혜를 주고 보호하시는 분)라고 하지만 희랍어로 표현할 때는 'Parakletos'라고 하는데, 이는 'para'(곁에, 옆에)와 'kletos'(call, 부르다)의 합성어로 '곁에 있는 사람', '불러서 곁에 동행하면서 나를 도와주려고 대기하고 있는 사람'이란 뜻입니다. 그러니까 성령님이 늘 내 곁에서 나를 보호하시고 돕기 위해 기다리고 계시다는 것입니다. 성령님의 현존을 의식한다면 어떤 수렁에 빠졌다 할지라도 절망할 필요가 없습니다.

내가 아버지께 구하겠으니 그가 또 다른 보혜사를 너희에게 주사
영원토록 너희와 함께 있게 하리니 … 내가 너희를 고아같이 버려두
지 아니하고 너희에게로 오리라 요 14:16,18

이 구절들은 보혜사의 역할을 강조합니다. 우리가 외로움
을 느낄 때, "내가 네 곁에 있겠다. 내가 너를 찾아오겠다"라
고 하셨으니, 우리는 그분을 바라보고 살아야 합니다. 성령
님의 도우심을 늘 구하면서 살아야 합니다.

신앙의 길에서 탈선하게 하는 유혹

세상으로 돌아가게 하는 유혹 말고도 신앙의 길에서 탈선
하게 하는 유혹이 있습니다. 세속현자는 우리 죄의 짐을 벗는
가장 쉬운 길은 예수님을 믿는 것이 아니라 도덕촌에 가서 율
법 선생의 도움을 받는 것이라고 합니다. 그래서 도덕을 지키
며 양심적으로만 살면 된다는 것입니다. 그러나 인간의 문제
는 도덕을 모르는 데 있지 않습니다. 누구나 알지만 그대로
살 수 없는 인간의 딜레마, 한계가 문제입니다. 이때 크리스천
은 전도자가 주었던 말씀을 다시 생각했습니다.

좁은 문으로 들어가라 멸망으로 인도하는 문은 크고 그 길이 넓어

그리로 들어가는 자가 많고 생명으로 인도하는 문은 좁고 길이 협
착하여 찾는 자가 적음이라 마 7:13,14

도덕을 따라 산다는 것은 모든 사람이 생각하는 넓은 길입
니다. 그러나 생명으로 인도하는 복음의 길은 찾는 사람이 적
지만, 그것이 바로 생명의 길이요 생명의 복음인 것입니다. 바
울은 도덕을 따라 살면 된다고 가르치는 것을 율법주의로 봤
습니다. 그리고 율법주의에 빠지는 것은 성령으로 시작하여
육체로 마치는 어리석은 길이라고 가르쳤습니다(갈 3:3).

또 하나, 우리를 신앙의 길에서 탈선하게 만드는 것은 허영
의 시장이 보여주는 세속주의입니다. 우리의 순례자들도 잘
못하면 시장에 눈이 팔려서 길을 가지 못할 뻔했습니다. 마귀
와 그의 수하들은 크리스천 순례자들이 반드시 허영의 시장
을 통과할 것을 알고 온갖 상품들을 진열하여 그들이 지체하
게 만듭니다. 크리스천의 친구인 신실은 이 유혹을 거절하다
가 순교합니다. 이때 이들을 지킨 말씀이 있습니다.

진리를 사되 팔지는 말며 지혜와 훈계와 명철도 그리할지니라

잠 23:23

우리가 사야할 것, 붙들어야 할 것은 진리입니다. 진리만 붙들면 됩니다. 예수님은 씨 뿌리는 자의 비유에서 가시떨기에 뿌려진 씨가 열매 맺지 못한 이유를 세상의 재리와 재물의 유혹에 말씀이 막혀 결실치 못했기 때문이라고 가르치셨습니다. 세상의 염려와 재물의 유혹, 한마디로 이것을 포괄하는 단어가 바로 세속주의입니다.

도덕촌에서는 율법주의의 유혹이 있었지만 허영의 시장에서는 세속주의가 있었습니다. 우리의 신앙을 끊임없이 위협하는 두 가지, 율법주의와 세속주의 때문에 우리가 이 길에서 탈선할 수 있다는 것입니다. 세속주의의 유혹은 율법주의 못지않은 순례자들의 장애물입니다.

신앙의 길에서 주저앉게 하는 유혹

또한 우리를 신앙의 길에서 주저앉게 하는 유혹이 있습니다. 순례자 크리스천은 절망의 거인이 만든 삶의 포기의 함정 속에 빠졌습니다. 절망의 거인은 순례자들을 의혹의 성에 가두고 감옥에서 빠져나갈 수 있는 길은 전혀 없으니 자살로 삶을 정리하라고 말합니다. 자살 충동을 부추긴 것입니다. 그때 크리스천을 보호했던 소망의 조언이 있습니다. 바로 자살도 살인이라는 것입니다. 남의 생명을 빼앗는 것이나 자신의 생명을 빼앗는 것이나 똑같이 살인입니다. 물론 살인을 저지른 사람이라도 예수님을 믿고 진정으로 회개하면 구원을 받습니다. 그러나 회개치 못하면 구원받을 수 없습니다(요일 3:15).

그들이 이 감옥에서 나올 수 있었던 것은 무엇보다 '언약의 열쇠' 때문이었습니다. 그리스도인들은 약속의 말씀을 신뢰함으로 절망을 극복할 수 있습니다.

또한 순례의 막바지에서 크리스천과 소망은 마법의 땅을 지나며 나른한 잠의 유혹에 빠집니다. 그들은 찬양하며, 또 지난날 주신 구원의 은혜를 서로에게 간증하며 이 마법의 유혹을 이겨냅니다. 이곳에서 그들은 "그러므로 우리는 다른 이들과 같이 자지 말고 오직 깨어 정신을 차릴지라"(살전 5:6)라는 경고의 말씀을 기억합니다.

우리의 발걸음을 지체하게 만드는 유혹과의 싸움에서 승리하게 만드는 것은 말씀에 대한 기억입니다. 그래서 평소에 말씀을 가까이해야 합니다. 또 말씀을 읽을 뿐만 아니라 말씀을 묵상하고 암송해야 합니다. 그러면 그 말씀이 우리를 지키는 일들을 경험하게 될 것입니다. 우리가 성경을 가까이하면 성경이 우리를 지킵니다. 그것을 결코 잊지 마십시오.

유혹이나 포기와 같은 것들은 어찌 보면 간접적인 공격이라고 할 수 있습니다. 그런데 마귀가 직접 우리를 공격할 때가 있습니다. 순례자 크리스천도 그에게 상처를 입히는 마귀의 직접적인 공격을 받았습니다. 그는 두 군데에서 공격을 받았는데 겸손의 골짜기와 사망의 음침한 골짜기입니다.

겸손의 골짜기에 들어선 크리스천은 아볼루온(무저갱의 사자, 계 9:11)의 공격을 받았습니다. 아볼루온이 순례자의 가슴을 겨냥해 불화살을 사정없이 쏘아댑니다. 이때 방패로 화살을 밀어내고 위기를 모면한 그는 검을 빼어 들고 자신을 방어합니다. 그러나 적의 지속적인 불화살 공격으로 상처를 입습니다. 기진맥진한 순간, 위에 계신 분의 사랑과 은혜를 기억함으로 다시 일어나 공격하자 적은 꼬리를 감추고 도망갑니다. 크리스천은 이 승리가 위에 계신 분의 은혜임을 알고 겸손을 배우게 됩니다.

자기 힘으로 싸우다 '나는 이제 완전히 끝났다'라고 생각할 때 그분이 도우셨습니다. 그런 하나님의 은혜를 기억하고 그는 겸손해집니다.

'아! 하나님이 나를 도우셨구나!'

더 이상 자랑할 수 없는, 더 이상 자기를 내세울 수 없는 겸손을 배웁니다. 상처를 통해서 그는 자신을 낮추는 겸손, 그리고 하나님만을 의지하는 진정한 은혜를 배우게 됩니다.

그가 사망의 음침한 골짜기를 지날 때는 엄청난 연기와 불길로 인해 아무것도 보이지 않았습니다. 그곳에는 흑암의 영들만이 판치고 있습니다. 이러한 흑암의 공격에 맞서 크리스천이 사용할 수 있었던 유일한 무기는 '온갖 기도'였습니다. 그는 사망의 음침한 골짜기에서 계속 이 기도를 반복합니다. 화살기도를 드린 것입니다.

여호와여 주께 구하오니 내 영혼을 건지소서 시 116:4

이 기도를 계속하면서 골짜기를 지나갑니다. 그리고 마침내 시편 23편 4절의 말씀을 경험합니다.

내가 사망의 음침한 골짜기로 다닐지라도 해를 두려워하지 않을 것은 주께서 나와 함께하심이라 주의 지팡이와 막대기가 나를 안위하시나이다 시 23:4

이런 기도를 통해 다가왔던 하나님의 임재, 그리고 하나님의 은혜 때문에 그는 마침내 사탄의 공격을 이겨냈습니다.

크리스천의 친구인 신실이 경험했던 성적 유혹의 공격도 있습니다. 이것은 아주 치열한 공격입니다. 많은 분들이 이 공격에 넘어지는 것을 보았습니다.

크리스천은 사망의 음침한 골짜기를 벗어나며 신실을 만났는데, 그의 간증을 들으며 성적 유혹 또한 마귀의 강력한 공격임을 깨닫습니다.

신실은 '음란'이란 여인을 만나 그녀가 제공하는 육체적 쾌락의 힘이 얼마나 강력한지를 경험했지만 요셉의 승리를 상기하며 이 유혹을 뿌리치고 도망했다고 증거합니다. 이 사건에 이어 그는 첫 사람 아담의 세 딸을 만나는데, 그들의 이름은 '육신의 정욕', '안목의 정욕', '이생의 자랑'이었습니다.

저는 세 딸의 이름을 접하면서 존 버니언의 영적 천재성을 엿볼 수 있었습니다. 하와는 선악을 알게 하는 나무의 열매를 보는 순간 먹음직하다고 여겼습니다. 이것이 육신의 정욕입니다. 그다음 보암직했다고 했는데, 이것이 안목의 정욕입니다. 또 지혜스럽게 할 만큼 탐스러웠다고 했는데, '내가 이것을 따 먹으면 하나님처럼 높아질 것'이라는 생각이 들게 했다는 말입니다. 이것이 이생의 자랑입니다.

그러니까 아담과 하와가 경험했던 세 가지의 유혹적인 경험, 즉 육신의 정욕, 안목의 정욕, 이생의 자랑을 존 버니언은 아담의 세 딸이라고 표현한 것입니다. 정말이지 탁월한 비유가 아닐 수 없습니다.

신실은 그들과 결혼해도 좋다는 유혹이 얼마나 저항하기 어려운 것이었는지를 이야기합니다. 세 딸이 모두 신실 씨에게 결혼하자고 했기 때문입니다. 그러나 그것이 그를 행복하게 하는 것이 아니라, 그들의 노예가 되는 길임을 깨닫고 유혹을 극복했음을 간증합니다.

이것은 신실한 성도들에게도 예외 없이 찾아오는 대표적인 유혹들입니다. 우리를 넘어지게 하는 일들의 배후에 이러한 사탄의 치열한 세 가지 공격이 있음을 기억해야 합니다.

영적 싸움에서 승리하는 길

겸손의 골짜기와 사망의 음침한 골짜기에서 크리스천이 겪은 영적 전쟁과 승리의 경험은 에베소서 6장 10-18절을 근거로 한 바울 사도의 권면에 기초하고 있습니다.

> 우리의 씨름은 혈과 육을 상대하는 것이 아니요 통치자들과 권세들과 이 어둠의 세상 주관자들과 하늘에 있는 악의 영들을 상대함이라 그러므로 하나님의 전신갑주를 취하라 이는 악한 날에 너희가 능히 대적하고 모든 일을 행한 후에 서기 위함이라 그런즉 서서 진

리로 너희 허리띠를 띠고 의의 호심경을 붙이고 평안의 복음이 준비한 것으로 신을 신고 모든 것 위에 믿음의 방패를 가지고 이로써 능히 악한 자의 모든 불화살을 소멸하고 구원의 투구와 성령의 검 곧 하나님의 말씀을 가지라 모든 기도와 간구를 하되 항상 성령 안에서 기도하고 이를 위하여 깨어 구하기를 항상 힘쓰며 여러 성도를 위하여 구하라 엡 6:12-18

이 말씀에 근거해서 우리가 어떻게 하면 사탄의 치열한 공격에 직면해서 승리할 수 있는지를 알아보고, 우리가 이런 영적 싸움에서 승리하기 위해 반드시 기억해야 할 중요한 원리들을 정리해보겠습니다.

먼저, 영적 전쟁이 우리의 일상적인 삶, 우리를 둘러싼 관계들 안에서 일어난다는 것을 인지해야 합니다. 영적 전쟁을 다루는 에베소서 6장에 앞선 내용들을 보면 남편과 아내, 부모와 자녀에게 주는 교훈이 담겨 있습니다. 또 종과 상전들에게 주는 권면도 있습니다. 그러니까 가정과 일터에 대한 것입니다. 그 후에 갑자기 영적 싸움에 대한 내용이 나옵니다.

마귀의 이름 중 하나가 희랍어로 '디아볼로스'(diabolos)입니다. 그런데 이 말은 '사이로 던져서 나눈다'라는 의미도 가지고 있습니다. 즉 마귀는 관계를 이간질하는 자라는 말입니다. 그래서 'diabolos'를 '참소자'라고 번역하기도 합니다.

영적 전쟁이라는 것도 바로 사탄이 남편과 아내의 관계를, 부모와 자녀 사이를 나누고 이간질시키는 것입니다. 직장에서도 상사와 동료와의 관계를 파괴합니다. 관계만 파괴하면 세상은 엉망이 되기에 사탄이 이런 일을 하는 것입니다. 관계들 속에서 전쟁이 일어난다는 것을 기억하고, 나를 둘러싼 관계가 비뚤어지면 '지금 사탄이 우리 가정을, 교회를 공격하고 있구나'라는 것을 빨리 깨달아야 합니다.

우리의 힘으로는 이런 사탄과 싸워서 이길 수가 없습니다. 우리가 주님 안에 있을 때, 주님의 도우심을 통해서만 승리하는 것이지 내 힘으로는 승리하지 못합니다. 사탄은 나보다 똑똑합니다. 나보다 힘도 셉니다. 그러나 사탄은 전능하지도 않고, 전지하지도 않습니다. 오로지 하나님만이 전능하시고 전지하십니다. 그러니 무턱대고 '사탄, 어디 한번 싸워보자'라는 것은 안 됩니다. 오직 우리가 하나님의 전신갑주를 입을 때, 그분을 의지할 때 승리할 수 있습니다(10절).

마귀는 온갖 수단과 방법(간계)으로 우리를 공격합니다. 그렇기에 "마귀의 간계를 능히 대적하기 위하여 하나님의 전신갑주를 입으라"(11절)라고 말씀하셨습니다. 머리에는 구원의 투구를, 가슴에는 의의 흉배를, 허리에는 진리의 허리띠를, 신발은 평안의 복음의 신을, 한 손에는 믿음의 방패를, 또 한 손에는 성령의 검을 들어야 합니다. 우리는 하나님의 전신갑주, 곧 가능한 모든 영적 자원으로 무장해야 합니다.

또한 마귀에게 틈을 보이지 않도록 성령으로 충만함을 입어야 합니다. 마귀에게 틈을 보이면 사탄은 여지없이 불화살로 그 틈을 공격합니다. 틈을 주지 않고 전신갑주로 무장하려면 제일 중요한 것이 성령의 충만함을 입는 것입니다.

그리고 무엇보다 중요한 것은 모든 기도로 서로를 위해 중보해야 합니다. '모든 기도'는 영어로 'all prayers'입니다. 우리는 영적 싸움에서 동원할 수 있는 모든 것을 동원해야 하는데, 그중에서 최고로 중점을 두고 동원해야 할 것이 바로 기도입니다. 우리는 누구라도 넘어질 수 있고 누구라도 시험에 들 수 있기에 끊임없이 서로를 위해 중보해야 합니다. 이것이 마지막 무장입니다.

서로 중보하는 공동체가 되기 위해서는, 관계를 파괴하려는 사탄의 공격에서 승리하기 위해서는 십자가의 용서가 필요합니다. 실패와 상처를 십자가의 용서로 극복하십시오.

서로 용서하기를 하나님이 그리스도 안에서 너희를 용서하심과 같이 하라 엡 4:32

용서해야만 인간관계가 보존됩니다. 아무리 좋은 관계도 언제든지 그 관계가 긴장될 수 있고 힘들 수 있습니다. 부부 관계를 포함해 어떤 관계든 마찬가지입니다.

우리는 영적 전쟁을 통해 말씀과 기도의 사람, 겸손과 믿음의 사람, 용서의 사람, 그리고 무엇보다 거룩한 성령의 사람이 되어야 합니다. 이것이 존 버니언의 순례 영성을 통해 배워야 할, 영적 전투를 치르는 크리스천 순례자를 위한 '거룩한 전투 영성'입니다.

순례자의 묵상

· 에베소서 6:10-18을 근거로 영적 승리를 얻기 위해 우리가 갖추어야 할 것은 무엇인지 정리해봅시다.

· 내 삶에서 유혹에 가장 연약한 틈새는 무엇인지 생각해봅시다.

CHAPTER 9

기쁨과 평화와 안식의 영성

수고하고 무거운 짐 진 자들아 다 내게로 오라 내가 너희를 쉬게 하리라
나는 마음이 온유하고 겸손하니 나의 멍에를 메고 내게 배우라 그리하면
너희 마음이 쉼을 얻으리니 이는 내 멍에는 쉽고 내 짐은 가벼움이라 하시니라
마 11:28-30

《천로역정》을 대하는 사람이 우선적으로 갖게 되는 피상적인
인상은 주인공 크리스천이 순례의 길을 걸으면서 겪는 수많은
시련과 고통입니다. 그러나 존 버니언은 인생의 길이 그렇게
고통과 시련으로만 점철된 것은 아니라는 것을 종종 보여줍
니다. 고통과 시련 속에서도 우리가 경험하는 기쁨이 있습니
다. 평화가 있습니다. 안식이 있습니다.

그래서 《천로역정》이 제공하는 또 하나의 영성은 '기쁨과
평화와 안식의 영성'이라고 할 수 있습니다. 이것은 아주 밝은
영성입니다. 고난의 영성이 어둡고 아픈 영성이라면 기쁨과

평화와 안식의 영성은 아주 밝은 영성이라고 할 수 있습니다.

사실 우리 주님이 우리를 초청하며 주셨던 가장 아름다운 약속은 바로 이 안식, 쉼으로의 초대였습니다.

> 수고하고 무거운 짐 진 자들아 다 내게로 오라 내가 너희를 쉬게 하리라 나는 마음이 온유하고 겸손하니 나의 멍에를 메고 내게 배우라 그리하면 너희 마음이 쉼을 얻으리니 이는 내 멍에는 쉽고 내 짐은 가벼움이라 마 11:28-30

예수님의 신실한 제자였던 바울 사도는 로마의 감옥에 갇혀 있고, 또 그 손과 발은 쇠사슬에 매여 있지만 그럼에도 불구하고 이렇게 권면합니다.

> 주 안에서 항상 기뻐하라 내가 다시 말하노니 기뻐하라 빌 4:4

감옥 바깥에 있는 사람이 감옥 안에 있는 사람에게 용기를 내라고, 힘을 내라고, 기뻐하라고 말하면 이해가 되는데 감옥 안에서 쇠사슬에 매여 있는 사람이 멀쩡하게 살고 있는 사람들에게 "기뻐하세요. 항상 기뻐하세요. 늘 기뻐하세요"라고 말하는 것은 이해하기 어렵습니다. 이것은 그에게 감옥이

빼앗아가지 못한 기쁨, 쇠사슬로도 맬 수 없었던 기쁨이 있었기에 가능한 일이었습니다. 그리스도인들의 삶 속에 이런 기쁨의 영성이 주어져 있다는 것은 놀라운 특권이 아닐 수 없습니다.

만일 신앙생활이 고통의 연속이라면 우리가 어떻게 견디고 참으며 이 여정을 계속할 수 있겠습니까! 이제 그 기쁨과 평화와 안식의 마당으로 떠나봅시다.

성경이 약속하는 기쁨의 선물

성경이 약속하는 기쁨은 우리에게 좋은 일이 생기고, 신나는 일이 생기고, 모든 것이 내 뜻대로 될 때 기뻐하는 그런 유형의 기쁨을 이야기하려는 것이 아닙니다. 내가 그리스도를 만나고, 그리스도와 연합함으로 얻어지는, 그리스도에게 속한 영적인 기쁨을 말하는 것입니다.

기쁨은 포도나무이신 주께 붙어 있는 가지들의 연합의 열매입니다. 가지가 된 신자가 포도나무이신 주님 옆에 붙어 있으면 포도나무의 수액을 흡수하게 되고, 그 결과로써 자연스럽게 열매를 맺게 됩니다. 그 열매 중 하나가 기쁨이라는 것입니다.

나는 포도나무요 너희는 가지라 그가 내 안에, 내가 그 안에 거하
면 사람이 열매를 많이 맺나니 … 내가 이것을 너희에게 이름은 내
기쁨이 너희 안에 있어 너희 기쁨을 충만하게 하려 함이라 요 15:5,11

여기서 말하는 '내 기쁨'은 주님의 기쁨입니다. 주님이 가지
고 계셨던, 주님이 누리셨던 기쁨이 '너희 안에' 있게 된다고
하셨습니다. 그러니까 주님으로부터 공급받은 그 기쁨으로
채워진 기쁨이 성경이 약속하는 기쁨입니다.

이 기쁨은 예수께서 선포하신 하나님나라의 특성 중 하나
입니다. 하나님나라, 천국은 어떤 곳일까요? 바울의 설명을
들어봅시다.

하나님의 나라는 먹는 것과 마시는 것이 아니요 오직 성령 안에 있
는 의와 평강과 희락이라 롬 14:17

이 구절이 하나님나라에는 먹는 것과 마시는 것이 없다는
의미라고 생각하면 안 됩니다. 하나님나라의 본질이 먹는 것
과 마시는 것에 있지 않다는 뜻입니다. 후반부에 나오는 의,
평화, 희락은 오직 성령 안에서, 성령의 통치와 다스림을 통한
하나님나라의 세 가지 특성입니다. 즉 하나님나라는 의의 나

라이고, 평화의 나라이고, 희락(기쁨)의 나라입니다. 하나님나라에 기쁨이 없다면 무슨 의미가 있겠습니까? 누가 하나님나라에 소망을 갖겠습니까? 그러나 하나님나라는 진정한 기쁨으로 가득한, 기쁨의 나라입니다.

그리고 기쁨은 성령의 열매 중 가장 우선적 결실입니다. 갈라디아서에는 성령의 열매가 언급되어 있습니다.

오직 성령의 열매는 사랑과 희락과 화평과… 갈 5:22

여기에 나오는 열매의 순서는 요한복음 15장과 일치합니다. 요한복음 15장에 보면 "너희가 내 안에, 내가 너희 안에 있으면 열매를 많이 맺나니"라면서 열매가 등장하는데, 첫 번째로 나오는 것이 사랑이고, 다음으로 강조되는 것이 기쁨입니다.

너희가 내 안에 거하고 내 말이 너희 안에 거하면 무엇이든지 원하는 대로 구하라 그리하면 이루리라 너희가 열매를 많이 맺으면 내 아버지께서 영광을 받으실 것이요 너희는 내 제자가 되리라 아버지께서 나를 사랑하신 것같이 나도 너희를 사랑하였으니 나의 사랑 안에 거하라 내가 아버지의 계명을 지켜 그의 사랑 안에 거하는

이것은 내가 성령과 교통하고, 성령의 다스림을 받고, 성령
의 인도함을 받음으로써 자연스럽게 나타나는 기쁨입니다.
나를 둘러싼 환경이 다 좋기 때문에 누리는 기쁨이라기보다
환경이 어려울 때에도 내 마음에서 사라지지 않는 기쁨이 있
다는 것입니다. 내가 주님과 교통하고 있는 한, 계속해서 나
를 지배하고 있는 특별한 기쁨은 주님의 선물로 주어지는 기
쁨입니다.

기쁨이 신앙인의 삶의 실제적 모습이어야 합니다. 바울도
이러한 기쁨을 성도들에게 권면합니다.

주 안에서 항상 기뻐하라 내가 다시 말하노니 기뻐하라 빌 4:4

성경이 약속하는 평화의 선물

또한 평화의 선물도 약속되어 있습니다. 복음은 우리에게
하나님과의 평화의 사건으로 선포됩니다.

그러므로 우리가 믿음으로 의롭다 하심을 받았으니 우리 주 예수 그리스도로 말미암아 하나님과 화평을 누리자 **롬 5:1**

이는 영어로 'peace with God'이라고 합니다. 하나님과 더불어 평화를 누리는 것입니다. 여기에는 중요한 전제가 있습니다. 자연인의 모습, 죄인의 모습으로는 하나님과 평화하지 못합니다. 아니, 그 정도가 아니라 로마서에 보면 우리는 하나님과 원수 되었다고 표현되어 있습니다. 하나님은 거룩하신 분이어서 죄가 있는 곳에는 진노하실 수밖에 없습니다. 그래서 죄 문제가 해결되지 않은 그대로의 상태, 용서받지 못한 상태, 하나님의 진노를 경험할 수밖에 없는 상태는 아직 하나님과 원수 된 상태입니다.

그러나 우리가 예수 믿는 순간, 죄 사함을 받고 의롭다 함을 받습니다. 의롭게 되는 것은 평생의 경험이고, 우리는 의롭다 칭함을 받는 선물을 받게 됩니다. 하나님은 일단 선포부터 하시고, 거기에 걸맞은 사람으로 우리를 만들어주십니다. 우리는 하나님의 양자입니다. 양자가 처음 입양된 집에 가면 어색할 수 있습니다. 그러나 그는 양자이기에 그 집에 살면서 아들다운 삶의 특성을 드러내게 됩니다. 그렇기에 우리는 하나님과 평화를 먼저 얻어야 합니다.

예수님은 제자들에게 세상이 줄 수 없는 평화를 약속하십니다. 사실 이것은 예수님을 믿는 사람들에게 약속하신 중요한 선물이기도 합니다.

> 평안을 너희에게 끼치노니 곧 나의 평안을 너희에게 주노라 내가 너희에게 주는 것은 세상이 주는 것과 같지 아니하니라 너희는 마음에 근심하지도 말고 두려워하지도 말라 요 14:27

이것은 우리 안에서 주관적으로 경험되는 평화가 아니라, 예수님으로부터 주어지는 객관적 선물로서의 평화입니다. 객관적으로 평화라는 선물이 주어지고, 그다음에 그 평화가 우리에게 느껴지는 것입니다.

성도들은 기도의 선물로 하나님의 평화를 누리게 됩니다.

> 아무것도 염려하지 말고 다만 모든 일에 기도와 간구로 너희 구할 것을 감사함으로 하나님께 아뢰라 그리하면 모든 지각에 뛰어난 하나님의 평강이 그리스도 예수 안에서 너희 마음과 생각을 지키시리라 빌 4:6,7

우리가 염려할 모든 것을 기도할 모든 것으로 바꾸어놓으면, 그리고 하나님 앞에 참으로 감사하는 삶을 살면, 하나님의 평강이 그리스도 예수 안에서 우리의 마음과 생각을 지키시겠다고 약속하셨습니다. '모든 지각에 뛰어난 하나님의 평강'이라는 표현은 우리의 상상과 이해를 초월한 하나님의 평강이라는 뜻입니다.

앞에서는 예수님을 믿으면 하나님과 평화를 누린다(peace with God)라고 했는데, 우리가 염려를 기도로 하나님께 맡기면 하나님의 평화(peace of God)가 우리의 마음과 생각을 지켜주십니다. 지켜주신다는 것은 일종의 군대 술어입니다. 옛날에는 군대가 성을 지켰는데, 군대가 성을 잘 지키면 성 안의 사람들이 평화를 누렸습니다. 그때 쓰이던 표현입니다.

그런 하나님의 평화가 우리 마음을 지키고 있다면 우리 마음은 평화롭고, 이런 사람들이 그 평화를 이웃들에게 나누어주며 이웃들과 평화할 수 있습니다. 성경은 내가 평화를 혼자 누리고 즐기는 데서 평화에 대한 교훈을 끝내지 않습니다. 성도의 삶의 일상은 이웃들과의 평화여야 합니다.

할 수 있거든 너희로서는 모든 사람과 더불어 화목하라 **롬** 12:18

우리는 하나님과 평화를 누리는(peace with God) 데서 시작했지만, 이제는 다른 이웃과도 평화를 이룰 수 있습니다 (peace with others). 하나님의 평화를 누리는 사람들은 이웃과도 평화를 누릴 수 있습니다. 그래서 예수님은 화평케 하는 자는 복이 있다고 하신 것입니다.

정말 복된 사람은 평화를 누릴 뿐만 아니라 평화를 선물하고, 평화를 만드는 사람입니다. 어떤 사람은 공동체를 항상 힘들게 합니다. 그래서 그 사람만 끼면 공동체가 시끄럽고 어려움을 겪게 됩니다. 하나님은 우리가 늘 피스 메이커(peace maker)로 살기를 바라십니다. 이것은 성도들의 특권입니다. 우리는 하나님이 주신 놀라운 특권인 이 평화를 누리며 살 수 있습니다.

성경이 약속하는 안식의 선물

기쁨과 평화에 이은 세 번째 선물은 안식의 선물입니다. 여기서 '안식'이라는 것은 아무 일을 안 하고 가만히 있는 것이 아니라 적극적인 안식을 말합니다. 이것은 평화의 연장선상에서 누릴 수 있는, 마음 깊은 곳에서 누리는 영적인 안식이며 마음의 안식입니다.

안식은 창조의 마지막 완성의 모습입니다. 하나님이 만물을 창조하실 때, 마지막으로 하나님이 인간에게 주고자 하셨던 가장 위대한 선물은 안식이었습니다.

> 하나님이 그가 하시던 일을 일곱째 날에 마치시니 그가 하시던 모
> 든 일을 그치고 일곱째 날에 안식하시니라 창 2:2

하나님이 안식하셨다는 것은 어떤 의미일까요? 하나님의 안식을 성경에 굳이 기록한 이유는 우리를 향한 모본을 말하고자 한 것이라 생각합니다. 하나님도 쉬셨으니, 하나님의 자녀이며 백성인 우리도 쉴 줄 알아야 한다는 것입니다.

그렇다면 하나님은 왜 쉬셨을까요? 하나님의 쉼, 하나님의 제7일 안식의 의미는 무엇일까요? 안식을 영어로 'rest'라고 합니다. 미국 크리스천 대학인 휘튼 대학에서 문화를 강의하던 학자인 라이켄 박사는 이 단어의 의미를 규정할 때 세 가지 'R'로 설명했습니다.

1. Reflection(돌아봄)

우리가 안식하는 이유는 돌아보기 위해서입니다. 하나님은 일곱째 날 쉬시면서 엿새 동안 그분이 만물을 지으신 일들을 돌아보셨습니다. 자신의 성취를 돌아보신 것입니다. 돌아보시면서 '좋아, 잘 되었지?' 하셨습니다. 이것은 어떤 대가가

작품을 완성한 다음 작품을 바라보면서 느끼는 흐뭇함일 것입니다.

우리나라 장로님 가운데 지당 박부원 선생이라는 분이 있습니다. 그 분은 달항아리를 만드시는 데 어떤 경지에 도달하신 분입니다. 이 분은 몇 세기에 한 번 나올까 말까 한 분이셨습니다. 한국적인 항아리의 아름다움, 달을 닮은 항아리의 아름다움을 만드시는 분입니다.

장로님이 얼마 전에 전시회를 여셨는데, 이전에는 한 번도 보지 못했던 작품이 나왔기에 이것이 그동안 어디에 보관되어 있었는지 물었습니다. 그러자 장로님은 자신이 정말 좋아하는 작품이어서 어디에도 내놓지 않고 혼자만 보고 좋아하셨다고 했습니다. 그러다 죽기 전에 한 번은 내야겠다 싶어서 고민하다가 내놓은 작품이라고 하셨습니다.

선생은 그 작품만 보면 행복하다 했습니다. 아무리 피곤해도 그것만 보면 피곤이 풀어진다고 했습니다. 이전까지는 방한구석에 숨겨두고 아무리 친한 사람에게도 보여주지 않던 작품이었습니다. 불이 구워낸 아름다운 작품이었기에 작가 자신도 놀랐을 정도였다고 합니다. 그걸 바라보면서 기쁨을 누린다고 고백하는 선생을 보며, 마치 하나님의 심정이 그러지 않았을까 생각했습니다. 창조한 모든 것이 아름답지만 마

지막에 인간인 아담과 하와를 창조하시고 얼마나 기쁘셨을
까요.

2. Refreshment(새로워짐)

우리는 쉼을 통해 과거를 돌아볼 뿐만 아니라 안식하면서
스스로 새로워질 수 있습니다. 출애굽기 31장 17절을 보면,
하나님이 엿새 동안 창조하시고 제 칠일에 쉬셨다고 했습니
다. 대부분의 영어 번역엔 'God rested'라고 되어 있지만, 킹
제임스 버전을 보면 'God was refreshed'라고 되어 있습니
다. 하나님도 쉬시고 새로워질 필요가 있으셨던 것입니다. 그
러니 우리에게는 얼마나 이 쉼이 필요하겠습니까? 우리는 하
나님의 창조의 원리를 따라서 엿새를 일하면 하루는 쉬어야
합니다. 쉬어야 새로워집니다.

3. Recreation(새로운 창조)

쉼은 미래를 창조합니다. 쉬면서 미래를 바라보고, 미래를
창조할 수 있습니다. 쉴 때 아이디어가 샘솟습니다. 미래를
향한 창조적인 생각들이 나오는 것입니다.

이런 글이 있습니다.

"인류의 문명은 날씨가 맑은 날 탄생하지 않았다. 비 오는

날, 굴속에 있던 원시인이 비를 보다가 갑자기 태어난 생각 덕분에 생긴 것이다."

저는 이 말이 옳다고 생각합니다. 그런 조용한 쉼, 관조 속에서 창조가 이루어지는 것입니다.

미국 교회 목회자들 중에는 매해 2개월씩 쉬는 분들이 계십니다. 처음엔 교회에서 많이 반대했습니다. 그러자 목사님들은 "창조의 원리를 따라 안식월을 하고, 대신 그냥 노는 것이 아니라 여러 가지 목회구상을 하겠다"라고 말했다고 합니다. 교회는 처음엔 마지못해 승낙했지만 목사님이 두 달 쉬고 오시면 새로운 아이디어를 가져와 교회를 새롭게 하시는 모습을 보고, 이제는 목사님이 안식월을 가실 때마다 목사님을 위해 기도하고 기대한다고 합니다. 한 해에 2개월이면 매 6년이 지나고 1년을 쉬는 안식년과 같아집니다. 이처럼 쉴 때 아이디어를 얻습니다. 쉼이 미래를 구상하는 중요한 창조의 원동력이 되는 것입니다.

구원의 복이 안식으로 비유되다

수고하고 무거운 짐 진 자들아 다 내게로 오라 내가 너희를 쉬게
하리라 마 11:28

저는 여기서 쉼의 의미가 단순히 쉬는 것뿐만 아니라 영적인 쉼, 구원을 의미한다고 생각합니다. 구원이 안식입니다. 내 죄를 용서받고 내 인생을 하나님께 의탁하고 새롭게 시작되는 삶, 이것이 구원의 삶이요 안식의 삶입니다.

이미 믿는 우리들은 저 안식에 들어가는도다 히 4:3

죄 문제가 해결되지 않은 죄인들의 인생은 한 마디로 말하면 쉼이 없는 인생입니다. 불안한 삶, 쉼이 없이 마음이 방황하는 삶입니다. 그러나 예수님을 믿으면 방황은 끝납니다.

안식은 예수의 제자들이 학습함으로 누려야 할 복입니다. 우리는 잘 안식하는 법을 배워야 합니다.

나는 마음이 온유하고 겸손하니 나의 멍에를 메고 내게 배우라 그리하면 너희 마음이 쉼을 얻으리니 마 11:29

예수께서는 잠깐잠깐의 안식의 모본을 보여주셨습니다. 만일 한 번에 길게 쉴 수 없다면 틈새의 쉼, 잠깐잠깐의 쉼도 참 중요합니다. 예수께서 전도하러 보내신 제자들이 돌아와 보고를 하는데, 얼마나 제자들이 신나했는지 모릅니다. 기적이 많이 일어났기 때문입니다.

"선생님, 우리가 전도하다 병자를 만나 기도했는데 병자가 나았습니다. 귀신 들린 사람을 만나서 예수의 이름으로 나가라고 명했더니 아홉 귀신이 도망가는 것을 보았습니다."

그러자 예수님이 제자들을 진정시키면서 잠깐의 쉼을 제안하셨습니다.

이르시되 너희는 따로 한적한 곳에 가서 잠깐 쉬어라 하시니 이는 오고 가는 사람이 많아 음식 먹을 겨를도 없음이라 막 6:31

"계속 이야기 해봐라"가 아니라 "우리 조금 이따가 얘기하고 우선 잠깐 쉬자"라고 하신 것입니다. 예수님은 안식의 미학을 알고 계셨습니다.

《천로역정》이 보여주는 기쁨과 평화와 안식

존 버니언은 기쁨과 평화와 안식을 어떻게 보여주고 있을까요? 먼저, 순례자들이 미궁에 들어가자 그들을 환영하는 성도들이 하는 말을 들어보십시오.

"어서 오십시오. 주님의 축복이 함께하시기를 바랍니다. 이 집은 여러분과 같은 순례자들을 환대하려고 이 땅의 주인이신 임마누엘께서 예비하신 위로와 안식의 집입니다."

또 기쁨의 산의 목자들이 이 산에 오른 사람들에게 하는 말과 이 산에 도착한 사람들의 소감을 들어보십시오.

"우리는 언덕을 오르며 정원과 과수원, 포도밭과 샘물들을 구경했습니다. 우물을 만나면 물을 길어 마시고 몸을 씻었으며 맘껏 맛있는 과일을 따 먹었습니다. 목자들은 평화롭게 풀을 뜯는 양 떼들을 지켜보고 있었습니다. 이곳은 어디서든 그의 나라를 볼 수 있는 곳이었습니다."

이곳에서는 어디서나 천국을 볼 수 있었습니다. 즉 이 땅에서도 천국을 경험할 수 있고, 여기서도 그의 나라를 볼 수 있다는 말입니다.

마지막으로, 뿔라의 땅에 대한 내용을 보십시오.

"가는 곳마다 새들은 지지배배 노래하고 온갖 꽃들은 화사하게 피어나고 있었습니다. 간간이 멧비둘기 우는 소리도 들렸습니다. 밤낮없이 햇살이 환하게 비쳤습니다. 거룩한 성이 한눈에 들어왔습니다."

거룩한 성을 볼 수 있는 곳, 경험할 수 있는 곳. 그곳이 뿔라의 땅입니다. 우리는 여기서 이런 음성을 듣습니다.

"넌 나의 기쁨, 넌 나의 신부. 헵시바, 뿔라."

우리의 순례길은 결코 고통과 시련만 주어지는 곳이 아닙니다. 그것은 전부가 아닙니다. 거기에는 기쁨이 있고, 평화가 있고, 안식도 있습니다.

이런 놀라운 기쁨과 평화와 안식의 아름다운 선물을 주시는 분을 믿음으로, 우리 모두가 신앙의 여정 속에서 이런 기쁨을 더 많이 누리게 되시기를 바랍니다.

순례자의 묵상

- 우리의 순례길에 허락하신 기쁨과 평화와 안식의 때들을 떠올리며 주께 감사를 드립시다.

- 우리의 순례길이 좀 더 기쁘고 평화롭고 안식이 있는 여정이 되기 위해 내게 있어야 할 믿음의 결단들은 무엇인지 생각해봅시다.

CHAPTER 10

순례자 공동체의 영성

너희가 이른 곳은 시온 산과 살아 계신 하나님의 도성인 하늘의 예루살렘과
천만 천사와 하늘에 기록된 장자들의 모임과 교회와
만민의 심판자이신 하나님과 및 온전하게 된 의인의 영들과

히 12:22,23

우리가 이 땅에 살아가는 동안 순례의 길을 혼자 걷게 되는
것은 사실입니다. 아무도 대신할 수 없는 인생의 길을 혼자
걷습니다. 그러나 우리가 그 길을 슬기롭게 걸어가기 위해서
는 이웃의 도움이 필요하고, 공동체의 도움이 필요합니다. 그
런 의미에서는 홀로 갈 수 없는 길입니다. 그래서 '공동체의 영
성'을 함께 생각해보고자 합니다.

본향을 찾아가는 순례자들

우리는 외국인이요 나그네입니다. 예수님을 믿는 순간 천

국의 시민이 됩니다. 동시에 이 땅에서는 외국인이 되는 것입니다. 외국인으로, 필그림으로 사는 것입니다. 순례자로 사는 것입니다. 이제 우리의 하루하루는 본향을 그리워하면서 본향을 찾아가는 인생이라고 할 수 있습니다.

믿음의 장으로 알려진 히브리서 11장과 이어지는 12장에서 히브리서 기자는 '본향'에 대해 이렇게 기록합니다.

이 사람들은 다 믿음을 따라 죽었으며 약속을 받지 못하였으되 그것들을 멀리서 보고 환영하며 또 땅에서는 외국인과 나그네임을 증언하였으니 그들이 이같이 말하는 것은 자기들이 본향 찾는 자임을 나타냄이라 그들이 나온 바 본향을 생각하였더라면 돌아갈 기회가 있었으려니와 그들이 이제는 더 나은 본향을 사모하니 곧 하늘에 있는 것이라 이러므로 하나님이 그들의 하나님이라 일컬음 받으심을 부끄러워하지 아니하시고 그들을 위하여 한 성을 예비하셨느니라 히 11:13-16

그러나 너희가 이른 곳은 시온산과 살아 계신 하나님의 도성인 하늘의 예루살렘과 천만 천사와 하늘에 기록된 장자들의 모임과 교회와… 히 12:22,23

그는 11장에서 "하나님이 그들의 하나님이라 일컬음 받으심을 부끄러워하지 아니하시고 그들을 위하여 한 성을 예비하셨느니라"라며 우리가 마지막에 도착할 성, 시온성을 언급합니다. 이는 영원한 천국을 상징하는데, 12장에는 드디어 그곳에 우리가 도착하는 모습이 언급됩니다. 그곳은 '살아 계신 하나님의 도성인 하늘의 예루살렘'입니다. 지상의 예루살렘은 하늘의 예루살렘의 그림자에 불과합니다.

우리가 궁극적으로 가야 할 곳은 하늘의 예루살렘입니다. 여기 '하늘의 예루살렘'에는 천만 천사가 우리를 기다리고 있습니다. 그리고 '하늘에 기록된 장자들의 모임'과 '교회'가 등장합니다. 우리가 천국에 도착할 때, 개개인의 순례자로 도착할 뿐 아니라 교회로 도착한다는 것입니다. 교회는 이 땅에서 하나님의 나라를 선포하는 본부라고 할 수 있습니다. 우리는 공동체로서 순례의 여정을 마치고 공동체로서 천국에 들어갑니다.

그런 의미에서 우리 모두는 하늘의 시온성을 본향으로 하여 본향을 찾아가는 순례자들입니다. 때로는 그 본향이 너무 멀게 느껴지기도 하고, 가까운 사람이 세상을 떠나 본향으로 돌아가는 것을 보게 될 때면 그리 먼 곳도 아니라는 생각이 들기도 합니다. 그러므로 오늘 살아 있는 우리는 나그네로서의 사명을 가지고 아직 남은 순례 여정을 계속 걸어가야 합니다.

이 여정에서 우리가 흔들리지 않으며 걸어가도록, 하나님은 구원받은 우리가 공동체를 이루게 하셨습니다. 구약에서 광야를 지나는 동안 이 공동체는 '광야 교회'이자(행 7:38) 순례 공동체였습니다. 교회라는 것은 어떤 건물이 아닙니다. 교회의 본질은 사람입니다. 하나님의 사람들, 하나님의 백성이 교회입니다. 하나님의 백성이 하나의 공동체가 되어서 광야를 여행했습니다. 그것은 교회의 순례, 교회의 여행이라 할 수 있습니다. 그래서 그 무리를 가리켜서 '광야 교회'라고 한 것입니다. 새 언약에서 그들은 이제 '주의 몸'으로 불리게 됩니다. 그리스도의 피로 사신 언약의 공동체로, 우리는 여전히 말씀의 인도를 따라 순례의 길을 걸어야 합니다.

순례 공동체, 교회

존 버니언의 《천로역정》에도 순례 공동체인 '교회'가 등장합니다. 크리스천이 순례의 길을 걷다가 공동체를 만난다는 것입니다. 여기에 교회 공동체에 대한 알레고리들이 나옵니다.

1. 해석자의 집

해석자의 집은 교회의 상징입니다. 해석자의 집은 십자가에

도달하기 전에 등장하는데, 이는 우리가 교회를 통해 복음을 소개받고 복음을 깨닫게 되는 것을 의미한다고 봅니다.

이 집은 '창밖으로 맑은 빛이 스며 나오는 집 한 채'라고 묘사되어 있습니다. 교회에 대한 아름다운 상징입니다. 교회와 극장의 다른 점이 무엇입니까? 극장에는 창문이 없습니다. 그런데 교회에는 창문이 있습니다. 극장에서는 혼자 몰입하면 됩니다. 그러나 교회에서는 그럴 수 없습니다. 교회는 창문을 통해서 세상을 내다봐야 합니다. 세상을 향해 빛을 비추어야 합니다. 교회는 끊임없이 세상을 향해 메시지를 던져야 합니다. 교회는 세상의 빛과 희망이 되어야 합니다. 그것이 교회와 극장의 차이점입니다.

그럼에도 교회가 세상을 걱정하는 것이 아니라 세상이 교회를 많이 걱정하고 있는 오늘의 현실이 참으로 안타까울 뿐입니다. 이제 우리는 진정한 교회의 회복을 위해 기도해야 합니다. 교회가 회복되어야 이 세상의 빛과 소망으로 다시 설 수 있습니다.

크리스천은 해석자의 집 갤러리에서 초상화 하나를 보게 됩니다. 목자의 초상화입니다. 성경을 손에 들고 하늘을 바라보고 있는 그의 머리에는 면류관이 있습니다. 성경을 들고 하늘의 소망을 증언하는 사람, 그가 바로 목자입니다. 목자는 하나님의 말씀을 통해 천국의 소망을 증언하다가 마땅히 그 소명을 마치고 면류관을 써야 하는 존재입니다.

크리스천은 또한 해석자의 집에서 율법의 비질과 은혜의 비질을 만납니다. 하인이 비질을 하자 먼지가 일어납니다. 그러나 한 처녀가 물을 뿌리자 먼지는 가라앉고 청소가 됩니다. 이 하인은 율법을 상징합니다. 율법은 죄를 깨닫게 할 뿐, 죄를 없앨 수는 없습니다. 율법 앞에서 율법을 지키지 못한, 율법을 깨뜨린 우리 자신을 발견할 따름입니다. 은혜의 복음만이 죄 해결의 유일한 해답입니다. 물을 뿌리는 처녀는 은혜의 상징입니다. 교회의 가장 위대한 자산은 율법이 아니라 복음입니다. 은혜의 복음, 십자가의 복음. 그러므로 교회는 단순히 도덕과 율법을 설교하는 것이 아니라 은혜의 복음을 전해야 합니다.

여기 나오는 또 하나의 장면은 한 남자가 주전자를 들고 벽난로에 물을 붓고 있는데, 불이 꺼지지 않는 모습입니다. 다른 사람이 난로에 계속 기름을 붓고 있었기 때문입니다. 마귀는 우리에게서 은혜의 불을 끄려 합니다. 그러나 그리스도께서 기름을 부어주심으로 그 불이 유지됩니다.

크리스천은 이곳에서 철장에 갇힌 절망을 만나게 됩니다. 천성 길을 향해 가다가 길을 잃어버린 그는 모든 것을 포기하고 절망의 철장 안에 갇힌 것입니다. 그는 말씀을 포기하고 은혜의 성령을 욕되게 한 타락한 성도의 모습을 상징합니다.

2. 미궁, 아름다운 집

해석자와 함께 공동체의 상징으로 나타나는 것이 아름다운 집, 미궁입니다. 교회는 아름다운 집, 하나님의 궁전입니다. 이 집 앞에 웅크리고 있는 두 마리의 사자들은 이 집에 순례자들이 들어오는 것을 방해하는 악한 마귀의 역사를 보여줍니다. 마귀는 우리가 교회에 들어오지 못하도록, 교회의 진정한 지체가 되지 못하도록 계속 역사합니다. 그러나 이 사자들은 사슬로 묶여 있어 이 집에 들어오는 순례자들을 위협할지언정 해하지는 못합니다. 이 집에서 순례자들은 경계, 신중, 분별, 경건, 자애라는 성도들의 환영을 받으며 세 개의 경험으로 초대됩니다. 이는 오늘의 교회가 순례자들에게 제공해야 할 경험들이기도 합니다.

먼저, 평화의 방이 등장합니다. 예수님은 세상을 떠나기 전, 마지막으로 다락방에서 제자들에게 공동체적으로 가르침을 베푸셨습니다. 그러면서 "내가 너희에게 실상을 말하노니 내가 떠나가는 것이 너희에게 유익이라 내가 떠나가지 아니하면 보혜사가 너희에게로 오시지 아니할 것이요 가면 내가 그를 너희에게로 보내리니"(요 16:7)라고 말씀하셨습니다. 그리고 16장 마지막 부분에서는 "이것을 너희에게 이르는 것은 너희로 내 안에서 평안을 누리게 하려 함이라 세상에서는 너희가 환난을 당하나 담대하라 내가 세상을 이기었노라"(33절)라고 하셨습니다. 즉 보혜사 성령님을 통해서 사랑하는 주님의 제자들이 진정한 평화를 누리도록, 그리하여 다가올 환란 속에서도 평화로 그들의 마음을 채워 담대하라고 권면하시는 모습을 볼 수 있습니다. 이 권면이 끝나고 나서 예수님은 마지막 십자가를 준비하시기 위해 제자들과 함께 겟세마네 동산으로 들어가십니다.

예수님은 요한복음 16장에서 제자들을 준비시키셨습니다. 교회를 준비시키신 것입니다. 우리가 세상의 어려움과 환란을 견딜 수 있도록, 주님이 성령을 통해 부어주시는 놀라운 평화를 경험할 수 있도록 준비시켜주는 공동체가 바로 교회의 모습이라는 것입니다. 교회를 통해서 이런 평화로 우리의 마음을 채울 때 세상의 환란에 맞서서 이기고 승리할 수 있습니다.

미궁 안에는 '서재'가 있었는데, 이 방은 믿음으로 승리했던 선진들의 기록을 통해 우리를 준비시킵니다. 히브리서 11장이 믿음의 선진들의 삶을 보여주는 것처럼 말입니다. 그런데 히브리서 11장에 나오는 사람들이 모두 개인적으로 승리의 삶을 살았다고 보면 안 됩니다.

12장 1절에 보면 "우리에게 구름같이 둘러싼 허다한 증인들이 있으니"라고 했습니다. 이미 앞서간 신앙의 선배들이 천국에 도착해서 교회 공동체로서 우리를 응원하고 있는 모습입니다. 마치 스탠드에 가득한 관중들이 뛰는 사람을 응원하듯이 말입니다. 그 관중들은 뿔뿔이 흩어진 개인이 아니라 세상 싸움에서 승리한 후 천국에 이미 도착한 공동체로서의 교회를 의미합니다.

이처럼 11장도 개개인의 승리, 믿음의 영웅들의 승리보다 공동체의 응원을 받고 있는 우리의 승리를 말합니다. 우리는 홀로 승리할 수 없습니다. 공동체의 도움 없이 인생의 길에서 승리할 수 없습니다. 그래서 우리가 건강한 교회, 좋은 교회를 만들고, 또 건강한 교회 안에서 신앙생활을 할 수 있는 것은 놀라운 은혜요 행복입니다.

또한 '무기고'가 나오는데, 이 방은 하나님의 전신갑주로 우리를 무장시킵니다. 에베소서 6장 10절 이하에서는 영적 싸움을 보여주며 하나님의 전신갑주로 무장하라고 말합니다. 그런데 여기서도 개인적으로 승리하기 위해 영적으로 무장하라는 권면이 끝이 아니라는 것에 주목하십시오.

모든 기도와 간구를 하되 항상 성령 안에서 기도하고 이를 위하여
깨어 구하기를 항상 힘쓰며 여러 성도를 위하여 구하라 또 나를 위
하여 구할 것은 내게 말씀을 주사 나로 입을 열어 복음의 비밀을 담
대히 알리게 하옵소서 할 것이니 엡 6:18,19

이 무장의 마지막에는 '여러 성도를 위해, 나를 위해' 기도해
달라는 권면이 나옵니다. 즉 서로를 위한 중보기도로 끝납니
다. 서로를 위한 중보기도 없이는 영적으로 완벽하게 무장할
수 없습니다. 우리가 교회 안에서 서로를 위해 기도해주어야
세상을 이길 수 있습니다. 내가 기도해주는 사람이 있어야 합
니다. 또 언제든지 내가 기도제목을 내놓을 수 있는, 나를 위
해 기도해주는 사람이 있어야 합니다.

"제가 이런 이유로 힘든데 저를 위해 기도해주십시오."

이렇게 말할 수 없는 교회라면 정상적이지 않습니다. 교회
에는 중보기도 사역이 꼭 필요합니다. 내가 이웃을 위해 기도
하는 훈련을 받는 것도 매우 중요합니다. 오늘의 교회가 이
런 경험을 제공하는 사명을 다할 수 있으면 좋겠습니다.

3. 기쁨의 산

의심의 성을 빠져나온 크리스천에게 또 한 번의 유쾌한 경

험이 기다립니다. 바로 기쁨의 산의 경험입니다. 이곳은 아름다운 정원과 과수원이 있고, 신선한 샘물과 시내가 흐르고 있습니다. 여기서 순례자들은 나무의 열매를 먹고 기운을 차리고 목욕을 하면서 온전한 회복을 경험합니다.

그리고 순례자는 여기서 아름다운 네 명의 양치기 목자들, 지식과 경험과 경계와 성실을 만납니다. 크리스천은 "이 산지도 이 땅의 주인에게 속해 있습니까?"라고 묻는데, 이때 한 목자가 의미심장한 대답을 들려줍니다.

"이 산지는 임마누엘의 땅으로서 천성 풍경의 일부입니다."

이는 미래적 하나님나라가 현재에서도 구현되고 있음을 보여주는 말입니다. 저는 《천로역정》을 읽으면서 존 버니언이 신학적인 교육을 많이 받은 사람도 아닌데 어떻게 이렇게 자상하게 잘 썼는지 궁금증을 가질 때가 많았습니다. 그렇습니다. 교회는 천국의 한 부분입니다. 하나님나라를 구현하기 위한 핵심 산지인 교회는 참 기쁨을 상실하고 있는 세상에서 기쁨의 공동체로 서야 합니다. 교회는 기쁨의 산이 되어야 합니다.

4. 뿔라의 땅

순례자들은 마침내 마법의 땅을 지나 뿔라의 땅으로 들어서게 됩니다. 대기는 부드럽고 상쾌하며 새들이 노래하고 화사한 꽃들이 피어 있는 곳, 이곳이 신랑이 신부를 반기듯 우리를 반기며 빵과 포도주가 제공되는 곳, 순례자들의 마지막 안식처입니다. 이곳은 순례자들이 순례길의 모든 피로를 풀고 쉬는 곳이며, 동시에 마지막 죽음의 강을 건너 소망으로 천성에 입성하도록 그들을 준비시키는 곳이기도 합니다.

존 버니언은 이 부분에서 교회가 천국으로 떠나는 한 명 한 명의 성도들을 축복하고 장례를 집행하는 곳이라는 것을 시사합니다. 이것이 순례자 공동체인 지상 교회의 아름다운 그림이 아닐까요?

뿔라의 땅에 도착한 순례자들이 정원사에게 묻습니다.

"여기 이 멋진 포도원과 정원들은 누구의 것입니까?"

그러자 정원사는 이렇게 대답합니다.

"모두 임금님의 것입니다. 그분 자신이 즐거워하시도록, 또한 그분을 따르는 순례자 백성이 순례길에 기쁨을 누리도록 준비하신 것입니다. 그러니 잠시 들어와 쉬어 가시지요!"

다시는 너를 버림받은 자라 부르지 아니하며 다시는 네 땅을 황무지라 부르지 아니하고 오직 너를 헵시바(나의 기쁨)라 하며 네 땅을 뿔라(나의 신부)라 하리니 이는 여호와께서 너를 기뻐하실 것이며 네 땅이 결혼한 것처럼 될 것임이라 마치 청년이 처녀와 결혼함같이 네 아들들이 너를 취하겠고 신랑이 신부를 기뻐함같이 네 하나님이 너를 기뻐하시리라 사 62:4,5

여기서 존 버니언이 개개인이 아니라 그 마당을 '뿔라'라고 불렀다는 것은 예수님의 신부로서의 교회를 탁월한 알레고리로 묘사하고 있는 것입니다. 교회는 주님의 신부입니다.

오늘의 교회는 성도들이 이 땅에서도 왕과 동행하며 하나님나라의 기쁨을 지금 여기서 누리도록 해야 하고(사회 참여), 동시에 저 영원한 천국의 소망을 제공해야 할(복음 전도) 이중적 사명을 가지고 있습니다.

우리는 현재 기쁨을 누리지 못하고 있는 사람들을 돌아보아야 합니다. 그것이 교회에게 주어진 사회 참여의 사명입니다. 사회에 참여한다는 것은 기쁨에서 소외되어 있는 이웃들을 돌아보고 그들도 우리와 동일하게 이런 기쁨과 은혜를 누릴 수 있도록 하는 것입니다. 또한 그들에게 천국의 소망, 복음을 전해야 합니다. 이 두 가지 사명이 우리 공동체가, 우리 교회가 더 노력해야 할 부분입니다. 어떤 교회는 전도는 하는데 이웃을 돌보지 않고, 어떤 교회는 이웃은 돌보는데 전도하지 않습니다. 모두 불완전한 교회의 모습입니다. 이 두 가지 사명을 다할 때 건강한 교회로 성장할 수 있을 것입니다.

5. 죽음의 강

마지막으로, 우리가 천성에 들어가기 위해 반드시 건너야할 강이 있습니다. 바로 죽음의 강입니다. 크리스천은 이 강을 건너지 않고 저편으로 갈 방법이 없는지 묻지만, 빛나는천사들은 "다른 길은 없다. 강을 건너지 않으면 시온 성문에도달할 수 없다"라고 대답합니다. 순례자들이 강에 발을 디디자 강은 더욱 깊어지고 깊은 공포가 임했습니다.

이때 빛나는 하나님의 천사가 "이 강의 주인, 강 이편과 저편의 주인을 얼마나 굳게 믿느냐에 따라 강물의 수심이 달라진다"라고 말해줍니다. 그럼에도 두려움을 느낀 크리스천은물에 가라앉다 뜨기를 반복하는데, 그때마다 함께한 소망이외치는 소리가 크리스천에게 힘을 줍니다.

"저기 저 천성 문이 보이지 않나요? 빛나는 존재들이 강가에 나와 우리를 기다리고 있어요."

크리스천과 소망은 "네가 물 가운데로 지날 때에 내가 너와 함께할 것이라 강을 건널 때에 물이 너를 침몰하지 못할것이며"(사 43:2)라는 말씀을 의지하고 마침내 천성에 입성합니다.

노르웨이의 성자라고 불리는 오 할레스비라는 분이 있습니다. 그 분은 《기도》라는 책에서 할머니 한 분을 소개합니다. 자식들도 다 떠나버려 외톨이가 되셨지만, 신앙이 좋은 할머니셨습니다. 혼자 살기가 어려웠던 할머니는 친척들과 지인들에게 같이 살게 해달라며 이렇게 부탁했습니다.

"제가 아름답게 죽을 거거든요. 왜냐하면 제가 그것을 위해 기도했습니다. 하나님이 기도를 들어주실 것입니다. 절대로 당신에게 짐이 되지 않을 겁니다."

가까운 사람들조차 그 말을 믿지 않았지만, 한 젊은 부부가 할머니의 말을 믿어보기로 했습니다.

"할머니 걱정 마세요. 저희 집에 와서 저희랑 같이 살아요."

그런데 할머니는 늘 하던 말처럼 짐이 된 것이 아니라 젊은 부부를 많이 도와주며 사셨습니다. 언제나 신앙의 본이 되어주셨고, 정말 어머니처럼 유쾌하게 이 젊은이들을 돌보면서 행복하게 사셨습니다. 그리고 어느 날, 할머니가 일어나지 않으셔서 방문을 열고 들어가보니 주무시면서 편안히 돌아가셨습니다. 할머니의 유품을 정리하던 젊은 부부는 성경책과 함께 할머니가 쓰신 마지막 편지를 발견했습니다.

"나를 믿어주고, 나의 하나님을 신뢰하고, 나를 당신들과 함께 살게 해준 젊은 부부에게 감사합니다. 당신들은 하나님의 은혜를 누릴 자격이 있습니다."

할머니는 이 부부에게 상당한 유산을 남겼습니다. 이것을 하나님의 영광을 위해 써달라는 부탁과 함께 말입니다. 우리도 아름다운 마지막을 위해 기도해야겠습니다.

그 날의 만남을 기대하며

순례자들에게 마지막으로 요구되는 영성은 '완주의 영성'입니다. 천로역정의 주인공 크리스천은 주의 은혜와 공동체의 격려로 마침내 순례의 길을 완주하고 천성에 입성할 수 있었습니다. 완주의 고백은 우리에게도 가능합니다. 바울 사도의 고백이 우리의 고백이 되기를 바라며 이 말씀을 묵상하기 원합니다.

나는 선한 싸움을 싸우고 나의 달려갈 길을 마치고 믿음을 지켰으니 이제 후로는 나를 위하여 의의 면류관이 예비되었으므로 주 곧 의로우신 재판장이 그 날에 내게 주실 것이며 내게만 아니라 주의 나타나심을 사모하는 모든 자에게도니라 딤후 4:7,8

여러 해 전에 뉴욕에서 열렸던 올림픽에 뉴욕 유니버시티 대학에 다니고 있었던 린다라는 학생이 참여하게 됩니다. 이 여학생은 장애인이었습니다. 여기에 참여하기 위해서 그녀는 거의 2년 이상을 열심히 연습했습니다. 그녀는 클러치를 갖고 올림픽에 참여합니다. 클러치를 가지고 다리를 절면서 올림픽에 참여한 것입니다. 주변의 많은 사람들이 말렸습니다. 하지만 그녀는 자신의 소원은 한 가지뿐이라고 했습니다. 바로 올림픽 완주였습니다.

드디어 출발선에 선 그녀는 마라톤을 시작했습니다. 시간이 지나면서 중간에 떨어져 나가는 사람들이 많아졌고, 경기가 시작된 지 2시간이 넘어가자 앞서서 치고 가던 선두 주자들은 결승선에 도달하기 시작했습니다. 3시간이 지나면서는 상당히 많은 사람들이 골인했습니다. 4시간이 지나자 마라톤은 거의 마무리가 되는 분위기였습니다. 마라톤을 취재하던 방송사도, 신문 기자들도 철수했습니다.

저녁 7시를 앞두고 뉴스를 준비하던 시각, 어떤 사람이 방송국으로 전화를 했습니다.

"아직 마라톤은 끝나지 않았습니다. 마라톤을 더 취재하셔야 합니다. 지금 허드슨 강가를 따라 한 여인이 클러치를 갖고 뛰고 있습니다."

기자들은 부랴부랴 카메라를 들고 마지막 강가를 돌아 경기장으로 들어서는 그녀를 취재하기 위해 달려갔습니다. 그리고 급격하게 프로그램 편성표를 바꿨습니다. 7시 뉴스 대신 그녀가 골인하는 장면을 방송하기로 한 것입니다. 린다는 그녀의 소원처럼, 고백처럼 9시간 10분 만에 골인했습니다.

"나는 완주하고 싶습니다. 나는 일등이나 이등을 원한 것이 아닙니다. 완주하고 싶었습니다."

우리가 잘 아는 이지선 자매도 몇 년 전 뉴욕 올림픽 마라톤에 참여했습니다. 지선 자매는 7시간 22분 만에 골인했습니다. 그녀도 완주해냈습니다.

완주의 영성. 우리에게는 부족함과 허물이 많습니다. 연약합니다. 하지만 우리가 하나님의 은혜를 의지하고 신앙 선배들의 본을 바라보며 공동체의 격려에 힘입어 믿음으로 이 길을 걷는다면, 어느 날 우리도 천국에 골인하게 될 것입니다. 우리는 그곳에서 다시 만날 것입니다. 그때까지 우리 가운데 한 분도 탈락자가 없길 바랍니다. 천국에서 당신을 만나고 싶습니다.

당신도 순례자입니다! 말씀이 가르치는 순례의 영성으로 무장하고 순례의 길을 완주하시기를 축복합니다.

- 교회를 생각하며 요한복음 16장, 히브리서 11장, 에베소서 6장을 깊이 묵상해봅시다.

- 교회에 주어진 두 가지 사명을 감당하기 위해 우리 공동체가 더 노력해야 할 부분은 무엇인지 생각해봅시다. 주 안에서 기쁨과 천국의 소망을 가진 교회, 그리고 그 기쁨과 소망을 나누는 교회가 되도록 기도합시다.

- 이 땅에서의 삶을 주 안에서 아름답게 마무리하려면 어떤 준비를 해야 할지 생각해보고 기도하는 시간을 가집시다.

영성의 길

초판 1쇄 발행	2019년 12월 30일
초판 2쇄 발행	2020년 1월 6일

지은이 　이동원

펴낸이 　여진구
책임편집 　이영주 김윤향
편집 　최현수 안수경 김아진
책임디자인 　노지현 조아라 | 마영애 조은혜
기획 · 홍보 　김영하　　　　　　　해외저작권 　기은혜
마케팅 　김상순 강성민 허병용　마케팅지원 　최영배 정나영
제작 　조영석 정도봉　　　　　경영지원 　김혜경 김경희

이슬비전도학교 　최경식　　　　　303비전성경암송학교 　박정숙
303비전장학회 & 303비전꿈나무장학회 　여운학

펴낸곳 　규장

주소 　06770 서울시 서초구 매헌로 16길 20(양재2동) 규장선교센터
전화 　02)578-0003　　팩스 　02)578-7332
이메일 　kyujang0691@gmail.com　　홈페이지 　www.kyujang.com
페이스북 　facebook.com/kyujangbook　인스타그램 　instagram.com/kyujang_com
카카오스토리 　story.kakao.com/kyujangbook
등록일 　1978.8.14. 제1-22

ⓒ 저자와의 협약 아래 인지는 생략되었습니다.
이 출판물은 저작권법에 의해 보호를 받는 저작물이므로 무단 전재와 무단 복제를 할 수 없습니다.

책값 　뒤표지에 있습니다.
ISBN 979-11-6504-041-3　03230

규 | 장 | 수 | 칙

1. 기도로 기획하고 기도로 제작한다.
2. 오직 그리스도의 성품을 사모하는 독자가 원하고 필요로 하는 책만을 출판한다.
3. 한 활자 한 문장에 온 정성을 쏟는다.
4. 성실과 정확을 생명으로 삼고 일한다.
5. 긍정적이며 적극적인 신앙과 신행일치에의 안내자의 사명을 다한다.
6. 충고와 조언을 항상 감사로 경청한다.
7. 지상목표는 문서선교에 있다.